DUMONT
DIREKT

Helsinki

Ulrich Quack
Judith Rixen

Inhalt

Das Beste zu Beginn

Die Essenz der Stadt
Stellen Sie sich vor, Sie hätten nur zwei Stunden Zeit für Helsinki und möchten möglichst viel vom Lebensrythmus der Stadt erleben. Dann lassen Sie sich einfach vom Marktplatz aus auf einer Runde über die Esplanade, die Mannerheimintie und die Aleksanterinkatu treiben. Was Sie dabei sehen und spüren – das ist die Essenz Helsinkis.

Unser Lieblingsblick auf die Stadt
Auf der Dachterrasse der Ateljee Bar im Hotel Torni liegt einem fast ganz Helsinki zu Füßen. Herrlich der Blick hinüber zur Töölö-Bucht, zum Dom und zu den Schären, vor allem beim entspannten Sundowner. Und nicht vergessen: auch das stille Örtchen besuchen!

Auf zum Markt!
Ein Marktbesuch erzählt einiges über eine Stadt, Helsinkis Märkte erzählen sogar ganz besonders viel. Auf den Märkten und vor allem in den alten Markthallen, vier an der Zahl, stehen die Chancen gut, Mitglied der Helsinki-Fangemeinde zu werden!

Helsinki macht heiß
Auf der Suche nach dem ultimativen ›Hot Spot‹? Dann nichts wie los in die nächste Sauna! Jedes Hotel hat eine, daneben gibt es wunderbar altmodische Saunen, neuerdings auch hypermoderne Anlagen wie den Design-Saunakomplex Hernesaaren Löyly. Auch manche Kneipen (!) haben Saunen und sogar im Riesenrad SkyWheel ist eine Sauna-Kabine untergebracht – für Finnland ganz normal …

Helsinki skurril
Ein Land, das Weltmeisterschaften im Handy-Weitwurf, im Luftgitarrenspiel und im Frauen-Tragen ausrichtet, muss voller schräger Gestalten sein. Kaurismäki-Filme und Paasilinna-Geschichten erzählen davon, im Helsinkier Stadtbild stößt man auf sie allenthalben! Erste Bekanntschaft mit dieser Seite Helsinkis könnte man im Restaurant Zetor (► S. 106) schließen.

Partytime!
Lust auf einen romantischen Nachtspaziergang am Freitagabend? Vergessen Sie's! Die Stadt ist pickepackevoll mit feierwütigen Finnen. Viel Alkohol ist im Spiel und der Lärmpegel steigt signifikant an. Für Unterkünfte neben den Party-Spots empfehlen sich dann Ohrstöpsel. Oder Sie feiern einfach mit.

Helsinki für Fußfaule
Sie laufen nicht gern? Oder haben eine Aversion gegen die langweiligen Besichtigungstouren im Sightseeing-Bus? Dann sind die grünen Waggons der Helsinki-Tram genau das Richtige! Besteigen Sie einfach die Linien 2 oder 3, die in einer großen Acht an allen Sehenswürdigkeiten vorbeifahren. Eine Runde dauert etwa eine Stunde. Mit einem Tagesticket ausgestattet, bekommen Sie so einen perfekten Überblick, erleben viel Lokalkolorit und können überall aussteigen, wo es Ihnen gefällt.

Helsinkier Raumgefühl
Dass Helsinki für moderne, aber gleichzeitig menschliche Architektur steht, ist vielleicht bekannt. Doch Außenbesichtigungen reichen nicht! Spüren Sie dem Geheimnis der neuen finnischen Baukunst nach, erleben Sie das spezifische Raumgefühl, z. B. in der Kapelle der Stille (► S. 41).

Mumin-Mitbringsel
Er ist weiß und ähnelt ein wenig einem Nilpferd. Der kleine Mumin-Troll hat sich auch international zu einer echten Kultfigur gemausert und tummelt sich mittlerweile überall in Helsinki, insbesondere auf Souvenirs wie z. B. den Bechern des Arabia-Werks.

Ulrich Quack treffen Sie mitten im Trubel der Großstadt, wo er über die Domkirche fachsimpelt, Judith Rixen joggt bei Wind und Wetter am wunderschönen Ufer Hietaniemis entlang und plagt sich derweil mit der finnischen Sprache.

Fragen? Erfahrungen? Ideen?

Wir freuen uns auf Post.

@ *Unser Postfach bei DuMont:*
rixen@dumontreise.de

Das ist Helsinki

›Tochter der Ostsee‹ wird sie meist genannt und besser als durch die Bronzestatue Havis Amanda zwischen Esplanade und Marktplatz ließe sich die nordische Metropole wohl kaum beschreiben: Die reizvolle, wenngleich kühle Lady entsteigt dem Meer, kann ihren Blick jedoch nie von dem nassen Element lösen. So wie Helsinki seine Entstehung dem Seehandel verdankt, so ist es auch heute noch ganz und gar der Ostsee zugewandt. Die Grenzen zwischen See und Stadt sind fließend, das Land findet seine Fortsetzung in Hunderten von Inseln und Schären und die Ostsee wiederum greift mit vielen Buchten tief in die Landfläche ein. So sind auch die Farben der Nationalflagge nicht dem Zufall geschuldet: der nordische Himmel, hellblau mit seinen Wattewölkchen, der weiße Dom über dem tiefblauen Wasser des Hafens oder an einem schönen Wintertag der Schnee unter wolkenlosem Himmel.

Kindheit und Jugend einer Stadt

Helsinki ist eine junge Dame, die ihre Adoleszenz und Selbstständigkeit gerade erst erlangt hat: Als sie 1550 von dem schwedischen König Gustav Vasa unter dem Namen ›Helsingfors‹ gegründet wurde, gab es Kopenhagen, Stockholm und Oslo schon lange. Damals jedoch war sie weder finnisch noch Hauptstadt: Über 600 Jahre war Finnland Teil des schwedischen Königreichs. Als 1809 die schwedischen Truppen auf Sveaborg (heute Suomenlinna) vor den Russen kapitulierten, wechselte die Provinz Finnland von der Dominanz der gestrengen ›Svea‹ unter die Fittiche von Großmütterchen Russland. Die jedoch ließ ihr zu großen Teilen freie Hand – die russische Herrschaft bedeutete für das Großherzogtum zunächst weitgehende Autonomie und ermöglichte der finnischen Kultur erstmalig, sich von Schweden zu emanzipieren. Nachdem Helsinki 1812 das schwedennahe Turku/Åbo als junge finnische Hauptstadt abgelöst hatte, nahm es auch gesellschaftlich und kulturell die Fäden in die Hand. Nach der Oktoberrevolution 1917 entwand sich Finnland als unabhängige Republik nun endgültig dem Griff Russlands. Lange war es durch ihre Lage zwischen Ost und West innerlich zerrissen (so zählt Finnland, streng genommen, allein aufgrund der sprachlichen und kulturellen Wurzeln nicht zu Skandinavien), nun sucht Helsinki immer stärker den Anschluss an seine nordischen und zentraleuropäischen Geschwister, so z. B. durch den EU-Beitritt im Jahr 1995.

Nordische Schönheit

Die Jugend Helsinkis spiegelt sich auch in ihrem Antlitz wider: Das heutige Stadtbild ist das Resultat des Wiederaufbaus nach dem Brand von 1808/09, eine romanische Kirche oder eine Burg aus dem Mittelalter sucht man hier vergebens. Unter die hellen Gebäude des neoklassizistischen Zentrums (nach Plänen Johan Albrecht Ehrenströms und Carl Ludwig Engels) mischen sich die verspielteren Formen des Jugendstils und der Nationalromantik sowie der nüchterne Funktionalismus und Modernismus der 1930er Jahre, geformt von den meisterlichen Händen Alvar Aaltos.

In den hellen Nächten zeigt Helsinki ein anderes Gesicht: Zur blauen Stunde ist der Senatsplatz besonders atmosphärisch.

Doch noch immer befindet sich die Stadt in ihren Wachstumsjahren: Sie wuchert über die Vororte hinaus, sodass die Grenzen zu den Nachbarstädten Espoo und Vantaa heute kaum mehr auszumachen sind. Nun gut, ein wenig ›Facelifting‹ hat sich die junge Stadt dann doch stehen lassen: 1952 bekam sie beispielsweise mit den Olympischen Sommerspielen durch neue Sportarenen, Hotels und Infrastruktur ein neues Gesicht und auch heute entwickeln sich ehemalige Industrieareale zu attraktiven Wohn- und Freizeitgebieten. Im Jahr 2000 wurde die Schönheit Helsinkis durch die Wahl zur Europäischen Kulturhauptstadt gewürdigt, 2012 wurde sie zur Welthauptstadt des Designs gekürt.

Eine Stadt mit vielen Gesichtern

Die jugendliche Stadt reizt vor allem durch ihre Kontraste: Mal kühl und düster, mal warm und überschwänglich, mal launisch und skurril. Das betrifft nicht nur die bezeichnende Lage zwischen Ost und West, die in Kultur, Architektur und Küche spürbar wird, sondern auch die Jahreszeiten: In den Sommernächten liegt eine unwirkliche Stimmung über der Stadt, wenn ihre Silhouette um Mitternacht in Dämmerlicht getaucht ist. So hell die Sommer, so dunkel sind die Winter in Helsinki – doch auch sie sind atmosphärisch unvergleichlich, z. B. wenn der Weihnachtsmarkt hell erleuchtet ist! Den langsamen, finnischen Tango liebt man hier ebenso wie Heavy Metal. Als moderne, dynamische Boomtown mit Großstadtcharakter bleibt die finnische Hauptstadt doch stets im überschaubaren Westentaschen-Format. Mit den großen Einkaufszentren und hippen Läden ist sie ein heißer Tipp für Shopping-Enthusiasten; die grünen Fleckchen an jeder Ecke und das maritime Flair erfreuen die Naturliebhaber. Sitzt man bei Sonnenuntergang auf einem der charakteristischen Granitfelsen mit Blick über die See, möchte man ihr zurufen: Helsinki, du bist unvergleichlich!

Helsinki in Zahlen

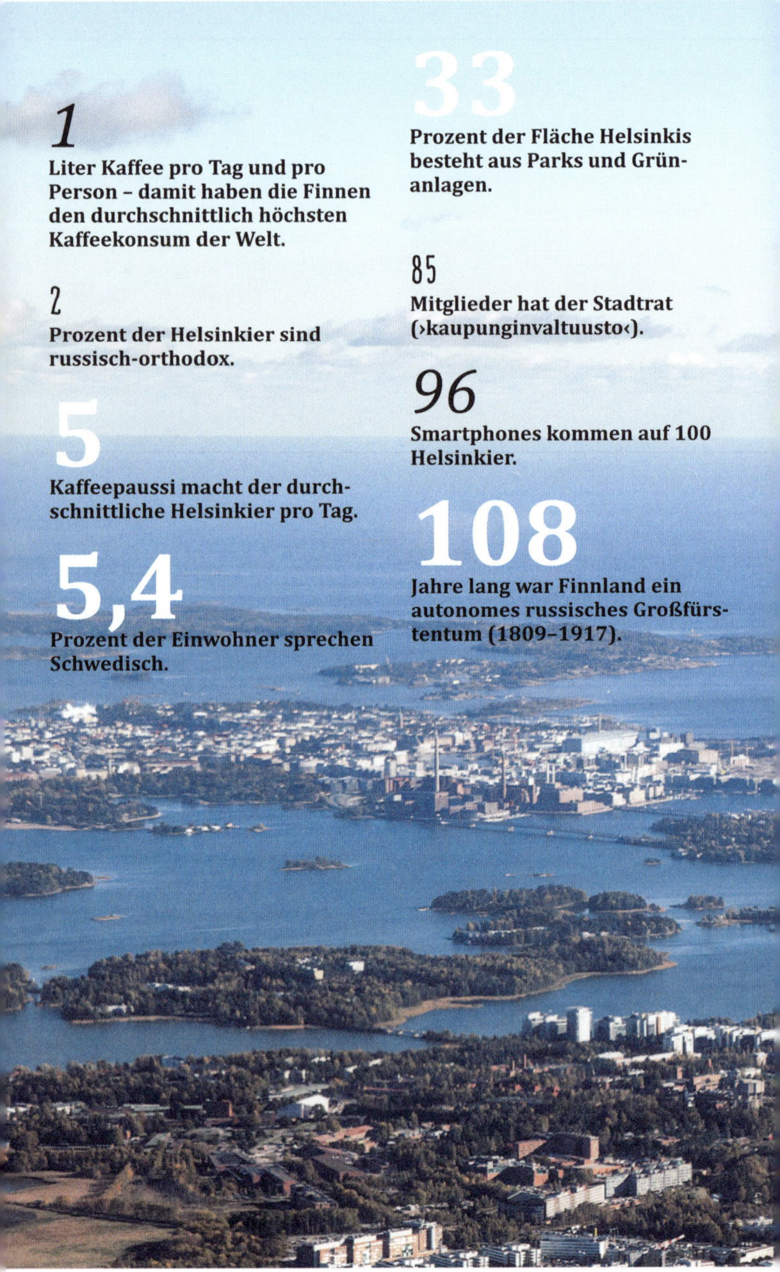

1

Liter Kaffee pro Tag und pro Person – damit haben die Finnen den durchschnittlich höchsten Kaffeekonsum der Welt.

2

Prozent der Helsinkier sind russisch-orthodox.

5

Kaffeepaussi macht der durchschnittliche Helsinkier pro Tag.

5,4

Prozent der Einwohner sprechen Schwedisch.

33

Prozent der Fläche Helsinkis besteht aus Parks und Grünanlagen.

85

Mitglieder hat der Stadtrat (›kaupunginvaltuusto‹).

96

Smartphones kommen auf 100 Helsinkier.

108

Jahre lang war Finnland ein autonomes russisches Großfürstentum (1809–1917).

123
Kilometer lang ist die Küstenlinie innerhalb des Stadtgebiets.

140
Nationalitäten leben in Helsinki.

200
Kilometer gespurte Loipen stehen Langläufern im Winter zur Verfügung.

315
Inseln besitzt Helsinki.

400
Statuen, Kunstwerke und Denkmäler sind über die gesamte Stadtfläche verteilt.

600
Jahre lang gehörte Finnland zum schwedischen Königreich.

716
Quadratkilometer beträgt die Fläche der Stadt, das ist etwas weniger als die Berlins und mehr als doppelt so viel wie die Münchens.

1200
Kilometer lang sind die Fahrradwege in Helsinki.

629 512
Einwohner besaß Helsinki Anfang 2016, das entspricht einer Einwohnerdichte von 2828 pro km².

1000
Restaurants gibt es in der Stadt – vielleicht sogar ein paar mehr.

Was ist wo?

Helsinki ist ein Gebilde aus Land und Meer, umgeben von einem Kranz aus Inseln. Mit seinem neoklassizistischen Zentrum wirkt Helsinki kompakt. Und tatsächlich sind die meisten Hauptsehenswürdigkeiten vom zentralen Senatsplatz aus gut zu Fuß zu erreichen. Doch Helsinki ist größer als es scheint! Das bedeutet, dass manche Viertel und Quartiere, die ein völlig eigenes Gepräge haben, recht weit vom Zentrum zu finden sind.

Historisches Zentrum

Der **Senatsplatz** (🗺 H 5) mit dem Dom ist Helsinkis Postkartenmotiv schlechthin. C. L. Engels architektonisches Meisterwerk gilt zu Recht als einer der ganz großen Würfe neuklassizistischer Stadtplanung und ist Helsinkis historischer wie urbaner Mittelpunkt. Auch der **Marktplatz** (🗺 H 5) und die **Esplanade** (🗺 G/H 5) gehören zum historischen Zentrum. Der ›Bauch‹ der Hauptstadt und ihre schönste Flaniermeile versprühen mit Skulpturen, Pavillons, mondänen Hotels, Brunnen, Einkaufsgalerien, Kaufhäusern und Straßencafés fast ein wenig Pariser Atmosphäre!

Bahnhofsviertel

Oberirdisch einer der schönsten **Kopfbahnhöfe** (🗺 G 4/5) Europas, unterirdisch ein wahres Labyrinth aus Fußgängerpassagen – das Bahnhofsviertel bietet grelles Großstadtleben mit viel Verkehr, Hotels, Kneipen und Shoppingmöglichkeiten ebenso wie verschwiegene Grünanlagen und Kultur.

Mannerheimintie und Kamppi

Die großstädtische **Mannerheimintie** (🗺 F/G 4/5) ist die wichtigste Verkehrsader der Innenstadt, an der sich Sehenswürdigkeiten wie Reichstag, Nationalmuseum und Kiasma, aber auch Kinos, Kaufhäuser, Restaurants und Hotels aneinanderreihen. Unmittelbar westlich der Straße findet man den **Kamppi-Komplex** (🗺 F 5) mit dem gleichnamigen Viertel, Museen und ausgedehnte Parks.

Design-Distrikt

Die Nahtstelle zum sogenannten Design-Distrikt bildet der **Bulevardi** (🗺 F/G 5/6) – von hier nach Norden erstreckt sich das Viertel, das heute Mittelpunkt der jungen kreativen Szene ist. Überall stößt man auf schicke Cafés, Bars, Clubs und Restaurants. Die Iso Roobertinkatu, kurz Isoroba genannt, ist die beste Adresse für alle, die bis in die Morgenstunden tanzen und schwofen wollen.

Katajanokka

Auf der Halbinsel Katajanokka ist man Russland nah! Hier steht die größte **russisch-orthodoxe Kirche** (🗺 H 5) Nordeuropas, gibt es etliche Gebäude aus zaristischer Zeit und russische Gourmet-Restaurants. Ansonsten: viel Jugendstil, eine beachtliche Eisbrecherflotte und insgesamt ein unaufgeregtes, ruhiges Wohnviertel.

Kallio

Der Stadtteil **Kallio** (🗺 G–J 2–4) war ein ärmlicher Arbeiter-Vorort. Heute wird er nach und nach von Studenten, kreativen Köpfen und Startup-Unternehmern erobert und in ein Hipster-Viertel verwandelt.

Töölö-Bucht

Die **Töölö-Bucht** (🗺 F/G 2–4) war schon in der Stadtplanung der 1930er-Jahre als ›Neues Zentrum‹ vorgesehen. Heute setzen Finlandia-Halle, Musik-Haus, Nationaloper und Stadttheater kulturelle Akzente nahe dem Wasser.

Nördlich der Bucht befinden sich das **Olympiastadion** (🗺 F 2) und andere Arenen im Grünen.

Kaivopuisto und Eira

Der große Park **Kaivopuisto** (🗺 H/J 6/7) mit dem Botschaftsviertel und das Jugendstilviertel **Eira** (🗺 G 7) befinden sich am Südrand einer hügeligen Halbinsel. Diverse Einkehrmöglichkeiten, eine Uferpromenade und wunderbare Aussichtspunkte machen die Gegend attraktiv. Die Südspitze **Hernesaari** (🗺 F 7/8) wirft gerade ihr Industrie-Kleid ab und erfindet sich neu – u. a. mit einer Design-Sauna und einem Partystrand.

Hietaniemi

Das Quartier Hietaniemi vereint Gegensätzliches: ewige Ruhe auf dem größten **Friedhof** (🗺 D/E 4/5) der Stadt und quirliges Badeleben am populärsten **Sandstrand** (🗺 D 4), Architektur-Ikonen wie die **Felsenkirche** (🗺 F 4) und unspektakuläre Wohnsiedlungen, großstädtische Bebauung und Grünanlagen wie der **Sibelius-Park** (🗺 E 3) mit dem gleichnamigen berühmten Monument.

Ruoholahti

Ruoholahti (🗺 D/E 5/6) ist einer der Stadtteile, die für den Strukturwandel der Hauptstadt stehen: In ehemalige Werften und Fabriken zogen Kulturzentren, Museen und Büros ein, daneben konnten sich moderne Architekten ausleben. Interessant, aber kein Muss.

Seurasaari

Die Insel **Seurasaari** (🗺 B/C 2–4), durch eine Brücke mit dem Stadtgebiet verbunden, repräsentiert durch ihr Freilichtmuseum das ländliche Finnland und ist mit ihren Bade- und Wandergelegenheiten ein Fluchtpunkt für gestresste Großstädter.

Suomenlinna

Der Mini-Archipel von **Suomenlinna** (🗺 Karte 3) steht als ehemalige Seefestung gleich dreier Mächte auf der UNESCO-Liste des Weltkulturerbes. Neben der Geschichte locken die Schären im Sommer Wanderlustige und Badefreunde hierher, auch für ein zünftiges Picknick eignen sie sich ganz hervorragend.

Augenblicke

Nah am Wasser gebaut

Nicht nur die Geschichte, sondern auch das Lebensgefühl in Helsinki ist von der Beziehung zwischen Land und Meer geprägt. Die Vielzahl an Buchten, Inseln, Schären, Häfen und Stränden ist einzigartig und typisch für Finnlands Hauptstadt. Von allen Punkten in der Innenstadt öffnet sich irgendwann die Sicht auf das kühle Nass und manchmal scheint es, als führen die Riesenfähren aus Stockholm oder Tallinn geradewegs in die Straßenschluchten des Zentrums hinein.

Es grünt so grün

Über ein Drittel des Stadtgebiets sind Parks, die Helsinki als grüne Lungen mit Frischluft versorgen. Überall kann hinter der nächsten Ecke ein versteckter Rosengarten oder eine felsige Grünanlage zu einem Spaziergang einladen. An warmen Sommertagen sind die Parks ein beliebter Treffpunkt zum Picknicken und Entspannen. Die mit Abstand populärste Attraktion ist der Sibelius-Park mit seinem orgelförmigen Denkmal – der ideale Ort für ein Selfie mit dem großartigen Komponisten.

Schwitzen mit Seeblick

Sauna – das ist so ziemlich das einzige finnische Wort, das sich international durchsetzen konnte: Die Sauna gehört zur finnischen Kultur wie das Wasser zum Meer. Die Finnen schwitzen nackt, aber geschlechtergetrennt, und zuweilen peitschen sie sich mit einem Birkenquast. So ein Saunabesuch kann sich – mit Abkühlen in See oder Eisloch – über Stunden hinziehen. Für eine Unterhaltung mit einem Finnen ist man hier richtig: Die schweigsamen Gesellen tauen hier regelrecht auf.

Ihr Helsinki-Kompass

#2
Am Bauch der Stadt – **der Marktplatz**

#3
Sehen und gesehen werden – **die Esplanade**

#1
Finnlands gute Stube – **der Senatsplatz**

WOMIT FANGE ICH AN?

Fischreich, farbenfroh + typisch finnisch

ZUM BUMMELN UND FLANIEREN

VISITENKARTE IN WEISS

Picknick – in den Schären

TOR ZU EINER ANDEREN WELT

WIE INDUSTRIE ZU KULTUR WIRD

MUSIK, MUSEEN UND NOCH MEER …

#15
Wellenumkämpfte Festungsinsel – **Suomenlinna**

#14
Finnlands konservierte Seele – **Seurasaari**

#13
Strukturwandel live – **am Länsisatama**

#12
Ein Tempel im Felsen – **rund um Hietaniemi**

#4
Ein Kopfbahnhof als Mittelpunkt – **Rautatieasema**

#5
Am Puls der Großstadt – **Mannerheimintie**

#6
Unter die Erde und hoch hinaus – **im Kamppi**

#7
Für die schönen Dinge des Lebens – **im Design-Distrikt**

#8
Russland ganz nah – **die Katajanokka-Halbinsel**

#9
Arbeiterquartier im Wandel – **zwischen Nordufer und Kallio**

#10
Weiße Bauten, blaues Wasser – **entlang der Töölö-Bucht**

#11
Strände, Jugendstil und Panoramablicke – **Kaivopuisto und Eira**

#1

Finnlands gute Stube – **der Senatsplatz**

Klassizistisch, elegant, strahlend: Helsinkis Senatsplatz (Senaatintori) ist Finnlands weiße Visitenkarte – und noch viel mehr! Open-Air-Bühne und Ort für Demonstrationen, gute Stube und populärer Treff, natürlicher Mittelpunkt der Hauptstadt und gleichzeitig deren größte Sehenswürdigkeit.

Der Senatsplatz mit dem Viertel Kruununhaka gilt als das eigentliche Zentrum der Hauptstadt. Nach dem verheerenden Brand von 1808 wurde hier die neue Stadt gebaut.

Alle Helsinkier an einem Tisch – das schafft der Helsinki Day. Beim Picknick-Dinner unter freiem Himmel, hier vor dem Dom, knüpfen die Hauptstädter neue Kontakte und pflegen alte!

Hier geht's ab

Herzstück des neuen Helsinki sollten der Senatsplatz und seine Umgebung sein, hier sollten sich die wichtigsten Institutionen konzentrieren. Da-

bei entstand ein neoklassizistisches Ensemble harmonischer, in hellen Farben gehaltener Gebäude, wie man sie in dieser Reinheit und Geschlossenheit weltweit selten findet – ein St. Petersburg im verkleinerten Maßstab, das bis heute unverändert blieb. In der Weihnachtszeit steht auf dem Platz der größte Weihnachtsbaum des Landes, in der Neujahrsnacht versammelt man sich an der Alexander-Statue zur traditionellen Andacht und zu besonderen Konzerten können sich schon mal 60 000 Zuschauer einfinden.

Bei Alex und den Damen

Die schmalen Straßen, die vom Hafen zum Senatsplatz hinaufführen, geben immer nur einen kleinen Ausschnitt der Domkirche frei. Die großartige Wirkung des Platzes erleben Sie erst, wenn Sie die Aleksanterinkatu an seiner Südseite erreicht haben. Dabei sind die flankierenden Gebäude selbst wenig spektakulär: Das **Kiseleff-Haus** 1 (Kiseleffin talo) im finnischen Empire-Stil etwa wirkt ziemlich bescheiden, doch lohnt der überdachte **Kunsthandwerkerbasar** einen Blick. Auch das graue **Sederholm-Haus** 1 (Sederholmin talo) etwas weiter an der Aleksanterinkatu will nicht recht in das Ensemble passen. Mit dem Baujahr 1757 ist es das älteste erhaltene Steinhaus Helsinkis überhaupt und seit 2016 Teil des **Stadtmuseums,** das nun den ganzen Block einnimmt.

Dann endlich: Wirklich zauberhaft dieser **Senatsplatz** 2, der zwar seinen Namen nach der finnischen Obrigkeit trägt, viel mehr aber noch an jenen russischen Zaren erinnert, der für einige Reformen sorgte: **Alexander II.** ehrt noch heute eine **Statue** im Mittelpunkt des Senatsplatzes. Das bronzene Standbild wurde 1894 vollendet, die den Zaren umgebenden Frauengestalten symbolisieren Gesetz, Frieden, Licht und Arbeit.

Willkommensgruß vom Wahrzeichen

Die gesamte Nordseite des Platzes begrenzt eine riesige Freitreppe aus Granit, die an sonnigen Tagen zu einer überdimensionalen Tribüne wird. Dahinter überragt den Platz die 1852 fertiggestellte lutherische **Domkirche** 3 (Tuomiokirkko) – sicher das meistfotografierte Gebäude des Landes! Durch seine Größe und erhöhte Lage dominiert

Alles Gute kommt von oben, denkt sich Alexander II., in Finnland als der ›gute Zar‹ bekannt. Die Statue schuf Walter Runeberg, der Sohn des Nationaldichters.

Ü ÜBRIGENS

Helsinkis Dom entstand ab 1832 nach Plänen eines deutschen Architekten: **Carl Ludwig Engel** wurde 1778 in Berlin geboren, fand dort wegen der napoleonischen Besatzung aber keine Anstellung und suchte sein Glück daher in russischen Diensten. Ab 1824 war er Generalintendent für alle Baumaßnahmen im russischen Großfürstentum Finnland. So konnte er mit seinen klassizistischen Entwürfen den gesamten Stadtumbau Helsinkis prägen. Viele seiner Entwürfe wurden erst nach seinem Tod 1840 umgesetzt.

INFOS/ÖFFNUNGSZEITEN

Kunshandwerkerbasar im Kiseleff-Haus 🛍1: Alle Läden und Cafés haben eigene Öffungszeiten.
Sederholm-Haus 1: Mo–Fr 11–19, Sa/So 11–17 Uhr, freier Eintritt. Eines von fünf Gebäuden des Stadtmuseums.
Domkirche 3: Unioninkatu 29, tgl. 9–18, Juni–August bis 24 Uhr, Eintritt frei
Finnische Nationalbibliothek 5: Fabianinkatu 35, Mo–Fr 9–18, Sa 9–16 Uhr, im Juli eingeschränkte Öffnungzeiten
Heilige Dreieinigkeitskirche 7: Unioninkatu 31, geöffnet nur zu den Messen Sa 18, So 10 Uhr (slawisch), Mo–Do 17 Uhr (finnisch)

KULINARISCHES FÜR ZWISCHENDURCH

Unter eindrucksvollen Gewölben sitzt man unter der Domkirche im **Café Krypta** ❶. Das Angebot ist bescheiden, aber preiswert. Das Café punktet außerdem mit wechselnden Kunstausstellungen (Kirkkokatu 18, Juni–Aug. Mo–Sa 11–17, So 12–17 Uhr).
Café Balder ❷: Aleksanterinkatu 12 (3. Etage), www.balder.fi, Mo–Fr 7.30–15 Uhr
Der Blick auf Dom und Senatsplatz durch das große Fenster im **Café Engel** ❸ ist atemberaubend (Aleksanterinkatu 26, www.cafeengel.fi, Mo–Fr 8–21, Sa 9–21, So 10–19 Uhr). Die süßen Leckereien sind ihr Geld wert – legendär die Bananen-Schoko-Torte, die am Wochenende auf der Speisekarte steht. Auch Herzhaftes ist erhältlich, z. B. Hühnchensalat. Eine weitere schöne Einkehrgelegenheit im Domviertel ist das **Café der Universitätsbibliothek** ❹, das über eine Wendeltreppe erreichbar ist (Unioninkatu 36, Mo–Do 9–15, Fr 9–14 Uhr). Die Gäste sitzen hier zwischen Säulen in den Kellergewölben und genießen Kaffee und kleine Snacks.

Cityplan: H 4/5 | **Tram** 1/1A, 2, 4/4 T, 7 A/B, **Metro** Kaisaniemi

Dom

es die Stadtansicht Helsinkis und begrüßt alle Reisenden, die mit der Fähre ankommen, schon von Weitem. Das Innere ist – für viele Besucher überraschend – sehr schlicht. Von der Domterrasse eröffnet sich ein herrlicher Blick über den Senatsplatz bis hin zum Hafen. Die Krypta der Kirche wird u. a. für Musikveranstaltungen und Kunstausstellungen genutzt, für eine Kaffeepause bietet sich hier das **Café Krypta** ❶ an.

Harmonische Nachbarschaft

Die Wirkung des weißen Doms wird durch die gelben neoklassizistischen Bauten noch gesteigert, die links und rechts den Platz flankieren. Im Westen gehört dazu das Hauptgebäude der

Fast wie ein Märchenschloss, so thront der Dom vom Hafen aus gesehen über den Lichtern der Stadt.

1832 eingeweihten **Universität** 4 (Yliopisto), an die sich oberhalb die **Finnische Nationalbibliothek** 5 (Kansalliskirjasto) mit ihrer flachen Kuppel anschließt. Beide sind öffentlich zugänglich, also auch der Lesesaal der Bibliothek – unbedingt anschauen, es lohnt sich! Auf der östlichen Seite des Senatsplatzes spiegelt sich die Universität in der Fassade des **Regierungspalais** 6 (Valtioneuvoston linna), heute der Sitz des Ministerpräsidenten.

UM DIE ECKE

Bei einem Streifzug durch das **Kruunuhaka-Viertel** nördlich vom Senatsplatz, entlang der Straßen Kirkkokatu, Snellmaninkatu, Rauhankatu und Unioninkatu, stoßen Sie auf prächtige Wohnhäuser, Universitätsgebäude, Banken, kleine Parkanlagen, Restaurants sowie Tante-Emma- und Antiquitätenläden. Zu den auffälligsten Bauwerken zählt die kleine **Heilige Dreieinigkeitskirche** 7 (Pyhän Kolminaisuuden kirkko), die sich hinter der Domkirche in einem Park versteckt. 1827 geweiht, ist sie die älteste erhaltene orthodoxe Kirche in Finnland. Nahebei zeigt die **Bank von Finnland** 8 (Suomen Pankki) ein kleines Geldmuseum, davor trägt der Sockel des J. W. Snellman-Denkmals noch die Spuren der Luftangriffe von 1944. Am schönsten aber strahlt gegenüber das 1891 errichtete, einem griechischen Tempel nachempfundene **Ständehaus** 9 (Säätytalo). Auf dem Rückweg kommen Sie am **Zoll- und Packhaus** 10 (Tulli- ja pakkahuone) vorbei, nach dem Sederholm-Haus das zweitälteste der Stadt (!) und schräg gegenüber am neugotischen **Ritterhaus** 11 (Ritarihuone). In russischer Zeit war es ein Treffpunkt des Adels, heute werden hier Kammerkonzerte gegeben.

N NOCH WAS

Das kleine, aber feine **Café Balder** 2 ist nach dem Lichtgott der nordischen Mythologie benannt. Sollte Sie in Helsinki doch einmal das Schmuddelwetter überraschen – nichts wie hin: Der hausgemachte Kuchen ist ein echter Lichtblick! Zum besonderen Flair trägt auch das Gebäude im französischen Barockstil (1814) bei. Auch Balders Saal gleich nebenan ist mit seiner Art-déco-Ausstattung von 1931 wirklich sehenswert, aber nur bei einem Konzert zu besuchen. Einfach mal fragen!

#2

Am Bauch der Stadt – **der Marktplatz**

Der Marktplatz am Hafen, Kauppatori, ist Helsinkis Bauch – und eine Freude für alle Sinne. Ob Ostseelachs oder Rentierschinken, Beeren, Pilze, Blumen oder Souvenirs – im Gewimmel der Stände wird jede Menge Finnlandtypisches angeboten. Nicht minder beeindruckt der architektonische Rahmen mit seinen repräsentativen Gebäuden und der Markthalle.

Der von Ostsee, zwei Halbinseln und dem Stadtzentrum eingerahmte Kauppatori ist der neben dem Senaatintori wichtigste Platz der Stadt. Und er ist sehr viel mehr als ein Markt im herkömmlichen Sinn. Natürlich kann man hier Fisch, Fleisch, Obst und Gemüse kaufen oder auch Souvenirs wie Rentierfelle oder Lappenmesser. Hauptstädter und Touristen kommen aber auch hierher, um

Bunt und immer viel los auf dem Marktplatz: Hier finden Sie frische finnische Leckerbissen wie die ›mustikka‹ (Blaubeere).

zu sehen und gesehen zu werden, um Kaffee zu trinken oder eine Pirogge zu essen. Die Ausflugsboote für Schärenkreuzfahrten starten am Markt, ebenso die Personenfähren zur Seefestung Suomenlinna und die Wasserbusse zum Inselchen Korkeasaari mit dem Zoo.

Ein Stein im Magen

Das Zentrum des Kauppatori, sozusagen den Nabel der Stadt, markiert der sogenannte **Stein der Zarin** 1 (Keisarinnankiv). Der Obelisk, übrigens das erste öffentliche Denkmal in Helsinki, wird vom russischen Doppeladler gekrönt. Er erinnert an den Besuch des Zaren Nikolaus I. und seiner Gattin Alexandra im Jahr 1833. Rings um den Obelisken, aber auch auf offenen Booten und im rot-weißen Backsteingebäude südwestlich hinter dem kleinen Hafenbecken findet der zentrale **Markt** statt (► S. 100).

Das alte Herz der Republik

Wendet man sich vom Markt nach Norden der Stadt zu, findet der Platz in einer Reihe durchweg repräsentativer, in hellen Farben gehaltener Gebäude seinen Abschluss. Dabei fällt zur Rechten neben der etwas zurückliegenden Hochwache das **Präsidentenpalais** 2 (Presidentin Linna) auf. Es ist nicht nur das eindrucksvollste Bauwerk am Markt, sondern war auch lange Zeit das Zentrum der politischen Macht im Lande. Ursprünglich stand hier ein 1818 errichtetes Privathaus, das dann zum Palast der Zaren umgebaut wurde. Ab der Unabhängigkeit residierten außer Urho Kekkonen alle finnischen Staatsoberhäupter im Präsidentenpalais – seit 1993 allerdings ist der Präsidentenamtssitz auf der Halbinsel Mäntyniemi zur wichtigsten politischen Adresse der Republik geworden. An das Präsidentenpalais schließt sich das Gebäude des **Obersten Gerichtshofs** 3 (Korkeimman oikeuden palatsi) an, an dieses wiederum die **Schwedische Botschaft** 4 (Ruotsin Suurlähetystö), deren Formensprache und Säulenbalustrade vage an das Königliche Schloss in Stockholm erinnern möchten. Natürlich soll durch diesen exponierten Ort die besondere Bedeutung Schwedens für Finnland unterstrichen werden.

Die schmale Katarinankatu trennt die Schwedische Botschaft vom **Stadthaus** 5 (Kaupungin-

Frischer Fisch: Eine Vielfalt an maritimen Leckereien und mehr wird seit 1743 auf dem Heringsmarkt feilgeboten.

H
HERING

Der traditionelle **Strömlingsmarkt** (Heringsmarkt) auf dem Kauppatori ist im Oktober ein Hauptevent im städtischen Festtagskalender.

INFOS/ÖFFNUNGSZEITEN

Virka: im **Stadthaus** 5, www.virka.fi, Mo–Fr 9–19, Sa/So 11–16 Uhr, Zeitungen, Internet, Ausstellungen, freier Eintritt

Markt 1: Mo–Sa 6.30–14 Uhr, im Sommer auch So vormittags, ▶ auch S. 100

KULINARISCHES FÜR ZWISCHENDURCH

Für kleine Leckereien ist die **Alte Markthalle** 2 (Mo–Sa 8–18, im Sommer auch So 10–16 Uhr) die erste Wahl. Wer Lust auf ausgedehntere kulinarische Expeditionen bekommen hat, findet dazu auf Restaurantschiffen und an der Uferstraße Eteläranta reichlich Gelegenheit. Gegenüber kann man im **Block by Dylan** 1 mit Blick auf Hafen und die Markthalle in stylischem Ambiente und mit gutem Preis-Leistungsverhältnis herzhaft frühstücken, sich am Lunch-Büfett bedienen oder Sa/So zum Brunch einkehren (Eteläranta 18, T 040 553 30 00, www.dylan.fi/block, Mo–Fr 8–15, Sa/So 10.30–16 Uhr).

Cityplan: H 5 | **Tram** 1, 2, 4/4 T, 7A/B

talo), ursprünglich als Hotel konzipiert. Erst seit den 1930ern dient es als Rathaus und beherbergt heute auch das Stadtinformationszentrum **Virka.**

Wer ist die Schönste im Land?

Hinter zwei Hafenbecken mit dem wenig schmeichelhaften Namen ›Cholera-Bassin‹ liegt etwas abseits und südwestlich des eigentlichen Marktgeschehens eine mehrfarbige und schön dekorierte Ziegelsteinhalle. Diese **Alte Markthalle** 2 (Vanha kauppahalli, ▶ S. 100) von 1888 ist weder die einzige noch die größte der Stadt, dafür aber die älteste und sicher auch die schönste.

→ UM DIE ECKE

In der Saison startet tgl. jeweils um 11.30 und um 14 Uhr vor der **Alten Markthalle** das Ausflugsboot M/S Doris zu **Schärenrundfahrten** rund um die Festungsinsel Suomenlinna (▶ S. 74). Auf dem 1,5-Std.-Trip sehen Sie viel von der labyrinthartigen Wasserlandschaft, außerdem bietet die Schiffsküche ein ›Schärenbüfett‹ an. Ebenfalls im Programm: Sunset- und Dinner-Kreuzfahrten (Iha-Lines, T 09 68 74 50 50, www.ihalines.fi, p. Pers. 20 €, mit Büfett 34 €).

Sehen und gesehen werden – **die Esplanade**

#3

Einmal zum Schwedischen Theater und zurück – ein kleiner Bummel nur zwischen Hafen und Mannerheimintie. Dass man für diese kurze Strecke trotzdem gut einen halben Tag einplanen sollte, liegt an der berühmten Esplanade, seit Generationen Helsinkis Top-Adresse für den Einkaufsbummel.

Senatsplatz, Marktplatz und Esplanade – die drei markieren das historische Dreieck des neoklassizistischen Zentrums. Und darunter ist die Esplanade der eleganteste Eckpunkt – sie teilt sich in die Nördliche (Pohjoiesplanadi) und Südliche Esplanade (Eteläesplanadi). Beide Straßen gelten als Top-Shopping- Adressen, doch gibt es auch schöne Cafés, Restaurants, traditionsreiche Luxus-

Auf der Esplanade lässt es sich nicht nur prima flanieren, auch für Entspannung in der Sonne ist gesorgt – natürlich unter den wachsamen Augen des Nationaldichters Runeberg.

E
EXKLUSIV

Mal sehr exklusiv shoppen? Die Esplanade ist nicht nur Flaniermeile, sondern seit Generationen die Top-Adresse für den **Einkaufsbummel,** vor allem die Nördliche Esplanade, Pohjoiesplanadi. An ihrem oberen Ende befinden sich das Warenhaus Stockmann und nahebei die noble Galleria Espland. In dieser Gegend finden Sie die namhaftesten finnischen Mode- und Designmarken, z. B. Anteeksi, Arabia, Iittala, Helky, Marimekko, Pentik und Vuottu.

Die Mumin-Tassen der Marke Arabia sind ein echter Exportschlager und auch unter Finnen beliebte Sammlerstücke.

hotels, Banken und Geschäftshäuser. Dazwischen erstreckt sich ein parkartiger Mittelstreifen, wie man ihn sich zum Flanieren vor allem im Sommer schöner nicht denken kann. Hier lässt man sich vor den Denkmälern der Nationalhelden fotografieren oder nimmt Platz, um eines der häufigen Sommerkonzerte zu genießen. Wegen dreier Straßen, die die Esplanade in Nord-Süd-Richtung queren, unterscheiden die Helsinkier in der Grünanlage drei Sektionen, die nach den Hauptattraktionen Kappeliesplanadi, Runeberginesplanadi und Teatteriesplanadi genannt werden.

Helsinkis Big Mama

Das charmante, wenn auch verkehrsumtoste Entreé zur Esplanade oder, je nach Perspektive, deren Ende bildet die entzückende Brunnenfigur **Havis Amanda** 1. Die einstmals sehr kontrovers diskutierte nackte Frauenfigur wurde in Paris gefertigt und 1908 an diesem Ort aufgestellt. Mit ihren weiblichen Kurven und einer stattlichen Größe von 5 m ist die bronzene Lady ein echtes Vollweib (weshalb man sie zunächst als ›obszön‹ beschimpfte).

Dahinter liegen zwei gleichermaßen praktische wie schöne Adressen: In dem ansehnlichen Eckhaus von 1816 ist das **Fremdenverkehrsamt** 2 untergebracht. In den angeschlossenen **Jugendsali** direkt nebenan sollten Sie unbedingt einen Blick werfen. Wo heute Einheimische und Touristen in einem schönen Gewölberaum der Nationalromantik beraten werden, hielten sich ursprünglich Kunden und Angestellte einer Bank auf.

Flair der Vergangenheit

Namensgeber und zentraler Punkt in diesem Esplanaden-Abschnitt ist aber **Kappeli** 1, ein Holzschlösschen von 1867 mit Glasveranda, Café, Restaurant und Bar. Der wunderschöne Bau gilt schon seit Generationen als Helsinkier Institution. Immer noch spürt man die Atmosphäre jener Zeit, als hier Jean Sibelius ein- und ausging, auch wenn das Interieur modern ist. Das zweistöckige Haus hinter der Kappeli am südlichen Rand der Esplanade ist übrigens das älteste der Straße; es wurde 1824 fertiggestellt, war in der russischen Zeit die Residenz des Generalgouverneurs und im Bürgerkrieg zwischen Mannerheims ›Weißen‹ und den sozialistischen ›Roten‹ das Hauptquartier der Roten.

Helsinki erwacht aus dem Winterschlaf: ›Manta‹ jedenfalls scheint die Aufmerksamkeit zu genießen.

Genau in der Mitte der Esplanade steht das **J. L. Runeberg-Denkmal** 3 mit der Statue des finnischen Nationaldichters (1804–77) auf hohem Sockel, unter ihm die Muse der Dichtkunst. Die Figur ist ein Werk von Runebergs Sohn Walter. In direkter Nachbarschaft erheben sich an der Nördlichen Esplanade hochherrschaftliche Wohn- und Geschäftshäuser im Stil der Neorenaissance.

Auch die Hotellerie ist hier mit einer der allerersten Adressen Skandinaviens vertreten: dem **Hotel Kämp** 1. Es geht auf den Restaurateur Carl Kämp zurück, der 1887 an der Esplanade eine Herberge eröffnete, die unter seinem Namen bald zur Legende wurde – als erstes wirkliches Luxushotel der nordischen Länder. Hier nächtigten schon zahlreiche gekrönte Häupter, Präsidenten, berühmte Künstler und Wirtschaftsbosse. Nach einer Zeit des Verfalls wurde das traditionsreiche Haus 1999 wiedereröffnet und avancierte auf Anhieb zur nobelsten Adresse in ganz Finnland. Alle Räume erscheinen im historischen Gewand, besonders schön die Bibliothek, der Rezeptionsbereich und der verspiegelte Ballsaal mit Kronleuchtern, vergoldetem Stuck und Fresken.

Gourmets

Auf der anderen Seite des begrünten Mittelstreifens mit dem Runenberg-Denkmal beherrschen an der Südlichen Esplanade Banken, ein Ministerium und etwas nüchternere Geschäftshäuser das Bild. Eines davon (Nr. 14) beherbergt in seiner obersten Etage mit dem Restaurant **Savoy** 2 eine der bekanntesten Gourmetadressen des Landes. Berühmt ist das Lokal wegen des herrlichen Ausblicks auf die Stadt und seiner elegant-schlichten Einrichtung, die 1937 bis ins Detail von Alvar Aalto gestaltet wurde (► auch S. 82).

M
MANTA

Havis Amanda entsteigt dem Meer, nackt, einen letzten verzückten Blick auf die Wellen richtend. Das muntere Treiben um sie herum scheint sie nicht zu stören. Als die bronzene Meerjungfrau aufgestellt wurde, waren viele Helsinkier zunächst nicht begeistert – präsentiert sie doch der Stadt ihr blankes Hinterteil. Heute hat man die Dame mit dem Spitznamen ›Manta‹ dann doch sehr lieb gewonnen. Seit den 1920ern steht die Brunnenmaid im Mittelpunkt der Feiern am Vorabend zum 1. Mai, an dem die Finnen mit dem Feiertag Vappu den Frühling willkommen heißen. Vor fast hundert Jahren krönten einige Studenten ihr lockiges Haupt mit einer der typischen Studentenmützen und der Streich wurde zur Tradition. Sie nimmt allerdings nicht an der Zeremonie teil, ohne vorher von den Studenten gründlich gebadet worden zu sein.

Vorhang auf

Der westliche Abschnitt der Flaniermeile, Teatteriesplanadi, trägt seinen Namen nach dem **Schwedischen Theater** 1 (Ruots Teatteri), mit dem die Esplanade ihren Abschluss zur Mannerheimintie findet. Schon 1827 stand hier ein erstes, aus Holz gebautes schwedisches Theater, gut 45 Jahre bevor die finnischsprachige Mehrheit eine profes-

INFOS/ÖFFNUNGSZEITEN

Fremdenverkehrsamt und Jugendsali 2: Pohjoisesplanadi 19, T 09 31 01 33 00, www.hel.fi, Mai–Sept. Mo–Fr 9–20, Sa/So 9–18, sonst Mo–Fr 9–18, Sa/So 10–16 Uhr

Hotel Kämp 1: Pohjoisesplanadi 29, T 09 57 61 11, www.hotelkamp.com. Genauso hochpreisig wie die Zimmer und Suiten sind auch das Restaurant und die Bar, im Sommer auch draußen, ideal für einen Kaffee oder einen Drink mit Blick auf die Esplanade.

KULINARISCHES FÜR ZWISCHENDURCH

An der Esplanade prunkt das Holzschlösschen **Kappeli** 1 mit Historie, Ambiente und durchweg teuren, aber auch sehr guten Gerichten (Eteläesplanadi 1, T 010 766 38 80, www.kappeli.fi, tgl. 10–24 Uhr, Hauptgerichte 25–45 €).

Savoy 2: ► S. 82

Im Obergeschoss der Akademischen Buchhandlung gibt es im durchgestylten **Café Aalto** 3 Frühstück, Salate, Sandwiches und Getränke – gut geeignet für eine entspannte Pause (Pohjoisesplanadi 39, T 09 121 44 46, www.cafeaalto.fi, Mo–Fr 9–21, Sa 9–19, So 11–18 Uhr).

Wenn Sie mehr auf Süßes stehen, sollten Sie nebenan das **Café Esplanad** 4 ansteuern, bekannt für seine riesengroßen Zimtschnecken *(korvapuusti)* und Meringues/Baisers (Pohjoisesplanadi 37, T 09 66 54 96, www.esplanad.fi, Mo–Fr 8–21, Sa 9–21, So 10–21 Uhr).

Cityplan: G/H 5 | **Tram** 1, 2, 4/4T, 7A/B

sionelle Bühne bekam. Das derzeitige Gebäude wirkt mit seinem hellen, schmucklosen Äußeren ziemlich schlicht, sodass sich Besucher überrascht zeigen, wenn sie innen die verschwenderische, von Rot und Gold dominierte Ausstattung erleben.

Nördlich des Theaters, an der Ecke zur Keskuskatu, zieht es Literatur- und Architekturliebhaber zur **Akademischen Buchhandlung** 1 (Akateeminen Kirjakauppa, ► S. 99), eine der größten und schönsten Buchhandlungen Europas. Sie wurde bis ins kleinste Detail von Alvar Aalto (1898–1976) entworfen und 1969 eröffnet. Zum mehrsprachigen Angebot zählen Fachbücher, Belletristik, Postkarten, Magazine und Landkarten.

Ich kaufe, also bin ich

Sicher gibt es gute Gründe, die Esplanade auch für den Rückweg zu nutzen. Wer aber einen moderneren, großstädtischen Kontrapunkt zur charmanten Esplanade kennenlernen möchte, für den empfiehlt sich ein Bummel über die nördliche Parallelstraße Aleksanterinkatu, die über weite Strecken nur von Fußgängern und der Tram genutzt werden darf. Sie erreichen sie über die Mannerheimintie oder über eine der vielen Querverbindungen – z. B. die Mikonkatu, eine Fußgängerzone mit überdachtem Hof, oder die Fabianinkatu.

Auch wenn Sie auf der Alexanderstraße vielleicht die Exklusivität der Esplanade oder des Design-Distrikts (► S. 44) vermissen, sind doch auch hier dem Shoppen keine Grenzen gesetzt, vor allem wenn Sie an Schuhen, Kleidung und Schmuck interessiert sind. Zu den Highlights auf der Aleksanterinkatu gehören Helsinkis **World TradeCenter** 4, untergebracht in einem Bankgebäude von 1921, die alte Geschäftsgasse **Vanha kauppakuja** 2, das **Pohjola-Haus** 5 der Architekten Lindgren, Gesellius und Saarinen und schließlich die Einkaufszentren **Kluuvi** 3 und **Aleksi 13** 4 (► S. 100). Bei schönem Wetter macht es Spaß, dieses Shopping-Paradies mit seinen außergewöhnlich gestalteten Schaufenstern und Straßenmusikanten zu erkunden. Da sich die mehrgeschossigen Malls unter Straßenniveau fortsetzen, ist aber auch bei Regenwetter mittels Tunnel und Passagen Kaufhaus-Hopping trockenen Fußes möglich – bis hin zum Bahnhof.

S
SÜSS

Das von dem gebürtigen Schweizer Eduard Fazer auf der Helsinkier Kluuvikatu eröffnete **Fazer Café** 5 (► S. 91) galt schon bald als das beste der Hauptstadt. Inzwischen hat sich das Familienunternehmen Fazer zu einem Süßigkeitenkonzern gemausert – die Marke ist heute in ganz Skandinavien, in den baltischen Ländern, Polen, Russland und Großbritannien bekannt. Die mit Abstand beliebteste Tafelschokolade ist die Sorte **Fazerin Sininen** (oder auch Fazer's Blue), benannt nach der blauen Verpackung. Karls Sohn Sven Fazer soll das geheime Schweizer Originalrezept 1922 aus Dank für die Fürsorge um einen kranken Jungen erhalten haben – ein gutes Mitbringsel für süße Erinnerungen an Helsinki!

#4

Ein Kopfbahnhof als Mittelpunkt – **Rautatieasema**

Der Bahnhof von Helsinki ist ein architektonisches Juwel – umgeben von Museen, Bühnen, der neuen Bibliothek und ersten Adressen der Hotellerie, die für das echte städtische Flair sorgen. Helsinki wäre jedoch nicht Helsinki, wenn es nahe dem quirligen Treiben nicht auch Oasen der Ruhe gäbe. Erholsame Natur gibt es z. B. im Kaisaniemi-Park.

Nicht nur ein Hort des Wissens, sondern auch ein bauliches Kunstwerk: Der erste Blick beim Betreten der Universitätsbibliothek geht stets nach oben.

Der an drei Seiten von Plätzen umgebene, monumentale **Hauptbahnhof** 1 (Rautatieasema, schwed.: Järnvägs station) gilt zu Recht als eines der markantesten Bauwerke und als Wahrzeichen Helsinkis. 1904 gewann der Architekt Eliel Saarinen den ersten Preis eines Wettbewerbs mit seinem Entwurf, der bis 1916 realisiert wurde

und bald als Vorbild für andere Kopfbahnhöfe in Europa diente. Es lohnt sich, den Granitbau durch das von mächtigen Fackelträgern flankierte Hauptportal zu betreten und die Raumwirkung der klar gegliederten Hallen aufzunehmen; achten Sie dabei auf die vielen Details an Türen und Wänden! Hinter den historischen Gebäuden überspannt eine luftige Glaskonstruktion die Bahnsteige. Auf dem Fahrplan stehen Züge nach St. Petersburg und Moskau, und ein Blick auf die Gleise mit ihrer doppelten Spurbreite zeigt, dass man sich hier wirklich zwischen Ost und West bewegt.

Grimmig schauen sie drein, die beiden Granitriesen, die den Hauptbahnhof flankieren. Die steinharten Muskeln dienen jedoch nur einem Zweck: die Leuchtkugeln zu halten, die den Bahnhof erleuchten.

Im Westen: Turbulenzen

Auf dem Platz westlich des Bahnhofs geht es immer ziemlich turbulent zu, da hier viele Reisende zwischen Bahnhof, Busbahnhof, Metrostation und dem Finnair City Terminal pendeln. Über das geschäftige Treiben geht der Blick hinüber zu Restaurants, Hotels, dem Helsingin-Sanomat-Verlagshaus und dem hohen **Hauptpostamt** 2 (Postitalo). In dem nüchternen Backsteingebäude von 1938 finden Sie neben den üblichen Einrichtungen auch ein nettes Café sowie eine auf Musik, Filme und Comics spezialisierte Filiale der **Stadtbibliothek.**

Im Süden: Kunst ohne Grenzen

Südlich der Kaivokatu wird der Platz von meist grauen, hohen Granitgebäuden flankiert, hinter deren Fassaden Büros, Businesscenter und ein Parkhaus versteckt sind. Oder auch Hotels wie das **Seurahuone** 1 (► S. 88), das es an dieser Stelle seit 1913 gibt. Riskieren Sie vom Bürgersteig aus den Blick in das Hotelrestaurant, vor allem bei abendlicher Beleuchtung – ein prachtvoller ausgestalteter Speisesaal ist in der Hauptstadt kaum zu finden. Weiter östlich, aber ebenfalls auf der Südseite zieht die **Finnische Nationalgalerie Ateneum** 3 (Ateneumintaidemuseo) die Blicke auf sich. Das vor einigen Jahren restaurierte, palastartige Haus von 1887 zeigt schon durch die Büsten von Bramante, Phidias und Raffael, dass es sich ganz der Kunst gewidmet hat. In dem auch innen eindrucksvollen Gebäude ist die größte Kunstsammlung des Landes beheimatet, insbesondere mit finnischen Werken ab 1700.

INFOS/ÖFFNUNGSZEITEN

Hauptbahnhof 1: tgl. 5–1.30 Uhr
Finnische Nationalgalerie 3: Kaivokatu 2, T 0294 50 04 01, www.ateneum.fi, Metro: Rautatientori, Di, Fr 10–18, Mi/Do 10–20, Sa/So 11–17 Uhr, 13 € (unter 18 Jahren frei)
Universitätsbibliothek 5: Fabianinkatu 30, T 02941 239 20, www.helsinki.fi/library, Mo–Fr 9–20, Sa 10–16 Uhr
Botanischer Garten 7: Unioninkatu 44, Metro: Helsingin yliopisto, Juni–Aug. Di–So 10–17 Uhr, ansonsten 10–16 Uhr, Eintritt für die Gewächshäuser 9 €, 7–17 Jahre 4,50 €
Makkaratalo 1: Kaivokatu 8, www.citycenter.fi, Mo–Sa 5–23.30, So 6–23.30 Uhr

KULINARISCHES FÜR ZWISCHENDURCH

Das **Ravintola Kaisaniemi** 1 am Nordrand des Kaisaniemi-Parks wurde bereits 1827 gegründet (Kaisaniementie 6, www.sinunjuhlasi.fi, Mo-Fr 11–21, Sa 13–22 Uhr). Zu seinen Gästen gehörten u. a. die Dichter Eino Leino und Johan Ludvig Runeberg, der Komponist Jean Sibelius und Marschall Mannerheim. Viel Geschichte also, aber auch ein schöner Platz für eine Pause. Sehr gut ist das Lunch-Büfett (Mo–Fr 11–15 Uhr, 15 €).
Im **Café Roasberg** 2, wenige Schritte vom Bahnhof und Ateneum entfernt, sitzt man hinter großen Fensterscheiben und guckt dem hektischen Treiben draußen zu – bei einem guten Kaffee, einem leckeren Sandwich oder einem Salat (Mikonkatu 13, T 045 649 60 80, www.roasberg.fi; Mo–Do 8–23, Fr 8–24, Sa 10–24, So 10–21 Uhr).

Cityplan: G/H 4/5 | **Tram** 2, 3, 6, 9, **Metro** Rautatientori, Kaisaniemi

Ein Schwerpunkt ist das sogenannte Goldene Zeitalter mit programmatischen und bekannten Kunstwerken von Gallen-Kallela und anderen. Auch der Bestand ausländischer Werke verschiedener Epochen, darunter Gemälde von van Gogh und Gauguin, ist beachtlich.

Im Osten: Großstadt-Tendenzen

Östlich des Bahnhofs öffnet sich die weite Freifläche des **Bahnhofsplatzes** 4 (Rautatientori), der so etwas wie Helsinkis Piccadilly Circus ist, natürlich in bescheideneren Dimensionen. Aber wenn irgendwo von brodelndem Verkehr, großstädtischem Flair und irritierenden Lichtreklamen zu sprechen wäre, dann hier. Den Bahnhof im Rücken, schaut man auf eine hohe Reihe von

Hotels, Banken, Pubs und Zeitungsverlagen, auch das Grand Casino macht mit greller Reklame auf sich aufmerksam. Der Platz selbst ist so riesig, dass auf ihm diverse Bussteige, Parkplätze und Pavillons bequem Platz haben, auch eine Eislaufbahn wird im Winter aufgebaut.

Auf dem Platz erinnert das bronzene **Aleksis-Kivi-Denkmal** von Aaltonen (1939) an den finnischen Nationaldichter. Direkt dahinter steht das 1902 erbaute und gleich mit vier Bühnen ausgestattete **Finnische Nationaltheater** 1 (Suomen kansallisteatteri, ► S. 108) im nationalromantischen Stil. Wer das Innere betritt, entdeckt im Foyer schöne Fresken.

Östlich des Bahnhofsplatzes, jenseits der Kaisaniemenkatu, ist an der Fabianinkatu seit 2012 die neue **Universitätsbibliothek** 5 (Helsingin yliopiston kirjasto), kurz Kaisa-Haus genannt, ein Magnet für Studenten, Leseratten und Architekturfans (► S. 82).

Im Norden: Faulenzen

Einen Block weiter nördlich ist im **Kaisaniemi-Park** 6 (Kaisaniemen puisto) vom urbanen Leben kaum noch etwas zu spüren. Obwohl der älteste Park der Stadt nur einen Steinwurf vom Bahnhof entfernt gelegen ist, offeriert er statt Hektik erholsame Spaziergänge, statt Ampeln und Reklame das Grün der Bäume und das Blau des Sees. Teil des Parks ist der schöne und ganzjährig zugängliche **Botanische Garten** 7 der Universität (Helsingin kasvitieteellinen puutarha). Er wurde in den 1830er-Jahren angelegt und hat auch Gewächshäuser mit tropischen Pflanzen.

UM DIE ECKE

Es geht um die Wurst

Das **Makkaratalo** 1 (›Wursthaus‹) wird nicht etwa so bezeichnet, weil es dort Würstchen zu kaufen gäbe. Das City-Center, ein Büro- und Shoppingzentrum direkt gegenüber dem Bahnhof, 1967 fertiggestellt, wurde bereits mehrere Male zum hässlichsten Gebäude Helsinkis gewählt. Seinen Namen verdankt es dem ›wurstförmigen‹ Geländer, das den höher gelegenen Parkplatz im zweiten Stock umgibt.

Ü ÜBRIGENS

Bertholt Brecht erwähnt die **Aleksis-Kivi-Statue** in seinen Frühlingsgesprächen: »Der Bildhauer hat Humor, er hat ihm [Aleksis Kivi] einen träumerischen Ausdruck verliehen, als ob er von einer herrenlosen Brotkruste träumte.« In der Tat verstarb Aleksis Kivi 1870 in Armut.

Bei Events wie dem Konzert der Sängerin Chisu wandelt sich der Kaisaniemi-Park von grün und still in bunt und turbulent.

5

Am Puls der Großstadt – **Mannerheimintie**

Fast scheint es, als wollten die Finnen auf der Mannerheimstraße Metropole spielen, mit Verkehrslärm, Fußgängergedränge, Kaufhäusern und allem, was sonst so dazugehört! Nirgendwo sonst wirkt Helsinki so großstädtisch wie auf den 500 Metern zwischen Schwedischem Theater und Reichstag!

Die Mannerheimintie ist die Hauptschlagader Helsinkis: vierspurig, verkehrsreich, laut, großstädtisch. Wer die Avenue in einer der vielen Tramlinien entlangfährt, sieht schon viele der Sehenswürdigkeiten der Hauptstadt: das Olympiastadion und die Nationaloper im Norden, den Glaspalast, das Schwedische Theater und die Esplanade im Süden. Die Mannerheimintie verbindet diese Punkte und Stadtteile, und sie trennt das Zentrum in einen westlichen und einen östlichen Teil.

Die Hauptverkehrsader Mannerheimintie verbindet nicht nur Nord und Süd, sondern auch Mampfen und Mode.

Shoppen, Schauen oder Schmausen

Bei einem Bummel, der das Schwedische Theater am Ende der Esplanade zum Ausgangspunkt nimmt, lassen Shopping-Enthusiasten natürlich

nicht das Kaufhaus **Stockmann** 1 rechts liegen (► S. 99). An der Ecke zur Aleksanterinkatu sieht man drei hämmernde Herren, die geradewegs aus der Sauna zu kommen scheinen und eines der am häufigsten fotografierten Motive Helsinkis liefern. Gemeint ist das 1932 errichtete Denkmal **Die drei Schmiede** 1 (Kolme seppää). Der kleine Platz, einer der beliebtesten Treffpunkte Helsinkis, wird überragt vom 1870 vollendeten **Alten Studentenhaus** 2 (Ylioppilastalo), dessen üppige Fassade zu den beeindruckendsten der Hauptstadt zählt.

Deutliche architektonische Kontraste zum überbordenden Dekor des Studentenhauses warten nur wenige Schritte weiter: Hier fallen das klassisch-elegante **Sokos Hotel Vaakuna** 1 mit seiner abgerundeten Fassade, das 1952 für die Olympischen Sommerspiele gebaut wurde, und ihm gegenüber auf der anderen Straßenseite der **Lasipalatsi** 3, der Glaspalast, ins Auge. Der niedrige weiße, mit großen Fensterflächen bestückte Glaspalast stammt aus den 1930er-Jahren und flankiert über eine recht lange Wegstrecke die Mannerheimintie. Obwohl er ursprünglich nur eine Verlegenheitslösung war, gilt er als eines der besten Beispiele für den funktionalistischen Stil. Nach einer aufwendigen Restaurierung konnte er 1998 wiedereröffnet werden und beherbergt heute Kinos, Internetcafés, Restaurants, Läden, Boutiquen und Kulturinstitutionen.

Kunst im Rücken, Politik vor der Nase

Schräg gegenüber blickt Marschall Mannerheim selbst hoch zu Ross über ›seine‹ Straße. Das große **Reiterdenkmal** wurde von Aimo Tukiainen geschaffen und 1960 in Sichtweite zum Reichstag eingeweiht.

Hinter dem Bronzerücken des Marschalls setzt **Kiasma** 4, das Museum für Gegenwartskunst, einen beeindruckenden städtebaulichen Akzent. Es liegt an exponierter und sehr zentraler Stelle und behauptet sich mit seiner kühnen, teils geschwungenen Fassade gekonnt gegen die dahinter aufragende Glas- und Stahlkonstruktion des Verlagshauses Helsingin Sanomat. Das 1998 eingeweihte Museum ist ein Werk des amerikanischen Stararchitekten Steven Holl – zum ersten Mal nach Engel zeichnete hier kein finnischer Architekt für ein repräsentatives Bauwerk in der Stadt verantwortlich. Im Kiasma gibt es außer

Ü
ÜBRIGENS

Sobald ein über siebzehnjähriges Mädchen vorbeikomme, das noch Jungfrau sei, würden **Die drei Schmiede** mit ihren Hämmern auf den Sockel schlagen – diese Behauptung legt zumindest Arto Paasilinna seiner Romanfigur Hinnermäki in »Im Jenseits ist die Hölle los« in den Mund. Bis zum heutigen Tag sind die Hämmer unbenutzt geblieben …

Kunst kommt von Können? Dann betrifft das auch die Skateboarder vor dem Kiasma-Kunstmuseum!

den Ausstellungsräumen u. a. ein Theater, Galerien, ein Café und ein Restaurant.

Geboten wird internationale Kunst ab den 1960ern, insbesondere Installationen und Medienkunst. Die Innenräume mit ihren großen Glasflächen schließen die Stadt und ihre Bewohner nicht aus, auch in Diskussionsrunden wird Öffentlichkeit hergestellt. Kiasma lebt – mitten im Großstadtverkehr. Vor allem an lauen Abenden spielt sich hier viel ab – an jedem Wochenende feiern z. B. Jugendliche Partys auf dem Grünstreifen und am Seeufer.

Auf der anderen Straßenseite sieht man die neoklassizistische Säulenfront des **Reichstags** 5 (Eduskuntatalo). Flankiert wird der 1931 eingeweihte Granitkoloss, der auch ein Symbol der finnischen Unabhängigkeit ist, von Denkmälern finnischer Präsidenten. Wie das Äußere ist das Innere geprägt von neoklassizistischer Strenge; die wichtigsten Säle und Räume können auf einer Führung besichtigt werden. 2004 wurde der Reichstag durch zwei verglaste Nebengebäude ergänzt, die den strengen Eindruck etwas abmildern. Nach einer grundlegenden Renovierung des Komplexes (seit 2015) wird der Reichstag Ende 2017 wiedereröffnet.

Ganz Ohr und Auge sein

Dem Reichstag gegenüber wurde Mitte 2011 das **Musik-Haus** 1 (Helsingin musiikkitalo), ein 140-Millionen-Euro-Projekt, eingeweiht. Diese Konzerthalle ist einer der letzten Mosaiksteine, die das Bild des neuen, um die Töölö-Bucht gruppierten Zentrums komplettieren. Das Haus mit einer Fläche von 36 000 m² ist durch geometrische Grünflächen und Wasserläufe optisch mit dem Reichstag, dem Kiasma und dem Sanomat-Verlagshaus verbunden. Zum Wasser hin nimmt es die Fluchtlinie der nahen Finlandia-Halle auf, hebt sich aber durch die dunkle Farbgebung vom berühmten Nachbarn ab. Seine Hausherren sind das Philharmonische Orchester der Stadt, das Symphonieorchester des finnischen Rundfunks und die Sibelius-Akademie. Dementsprechend gibt es diverse Auditorien und eine Haupthalle mit 1700 Plätzen. Auch außerhalb der Konzertzeiten ist das Haus mit einigen touristischen und gastronomischen Einrichtungen öffentlich zugänglich.

Zum Norden hin umrahmen die Bäume eines verschwiegenen Parks die elegante **Villa Hakasalmi** 6

H
HECHT

Klar, die Finnen essen ihn gerne, aber warum steht vor dem **Musik-Haus** ausgerechnet ein riesiger Fisch? Die monumentale, fast 13 m hohe Installation **Laulupuut** (›Lied-Bäume‹) von Reijo Hukkanen wurde 2012 hier aufgestellt. Neben dem gigantischen Hechtkopf fallen besonders die Klavierdeckel als Teil der Skulptur auf. Zum einen ließ sich der Künstler von dem Gedicht »Hauen laulu« (»Lied eines Hechtes«) von Aaro Hellakooksi inspirieren, vor allem aber verweist die Skulptur auf das finnische Nationalinstrument: Die erste Kantele, eine griffbrettlose Kastenzither, wird nämlich im finnischen Nationalepos Kalevala vom Zauberer Väinämöinen aus dem Kieferknochen eines riesigen Hechtes gefertigt. Es geht also doch nicht bloß ums Essen …

(Hakasalmen huvila), eine elegante Villa aus den 1840ern, die als altertümliches Relikt zwischen dem Musik-Haus und der Finlandia-Halle platziert ist. Die Villa präsentiert eine Kunst- und Möbelsammlung sowie bisweilen interessante Wechselausstellungen.

Von ganz anderem Kaliber ist das **Finnische Nationalmuseum** 7 (Kansallismuseo) auf der anderen Seite der Mannerheimintie. Schon das 1916 eingeweihte Gebäude, ein Hauptwerk der finnischen Nationalromantik, ist sehenswert, vor allem der zentrale Kuppelsaal, der im Innern von Akseli Gallen-Kallela mit Fresken ausgeschmückt wurde. Die Motive entstammen dem Nationalepos »Kalevala«. Seit 2014 ist auch das Museum der Kulturen (Kulttuurien museo) in das Nationalmuseum integriert.

Ob Kiasma oder Nationalmuseum – hier können Sie Kunst- und Kulturschätze im wahrsten Sinne des Wortes ›begreifen‹.

INFOS/ÖFFNUNGSZEITEN

Sokos Hotel Vaakuna 1: Asema-aukio 2, T 020 123 46 10, www.sokoshotels.fi, DZ 140–240 €
Kiasma 4: Mannerheiminaukio 2, www.kiasma.fi, Di, So 10–17, Mi–Fr 10–20.30, Sa 10–18 Uhr, 12 €, unter 18 Jahren frei, erster Fr im Monat frei
Villa Hakasalmi 6: Mannerheimintie 13, Mo–Mi, Fr 9–17, Do 9–19, Sa/So 11–17 Uhr, Eintritt frei
Finnisches Nationalmuseum 7: Mannerheimintie 34, www.kansallismuseo.fi, Di–So 11–18 Uhr, 10 €, unter 18 Jahren frei, freier Eintritt jeden Fr 16–18 Uhr
Musik-Haus 1: Mannerheimintie 13, www.musiikkitalo.fi, T 020 707 04 00, tgl. 10–20 Uhr, freier Eintritt

KULINARISCHES FÜR ZWISCHENDURCH

Auf Designermöbeln und in aussichtsreicher Lage (im Sommer draußen) sitzt man im **Café Kiasma** 1, untergebracht im Erdgeschoss des Museums. Außer Kaffee, Wein und anderen Getränken gibt es an der Selfservice-Theke süße Leckereien und täglich wechselnde Gerichte zum Lunch, darunter meist auch ein vegetarisches. Auch im Selbstbedienungscafé (Mo–Fr 9–21, Sa 10–20, So 11–19), oder dem Terrassen-Restaurant (tgl. 11–19 Uhr) des benachbarten **Musiikkitalo** 1 gibt's Snacks, Salate und Gegrilltes.

Cityplan: F/G 4/5 | **Tram** 2, 3, 4/4T, 6, 7A/B, 9, 10, **Metro** Rautatientori, Kamppi

6

Unter die Erde und hoch hinaus – **im Kamppi**

Westlich der Mannerheimintie geht es hinunter zu den Wurzeln der Stadt und hinauf zum besten Aussichtspunkt: Neben der gleichnamigen Pilgerstätte für Shopping-Begeisterte gehören das Stadtpanorama aus der Vogelperspektive und eine Sauna im Jugendstilbad zu den Highlights des Viertels.

Eigentlich bezeichnet **Kamppi** 1 ein ausgedehntes Stadtviertel, das sich zwischen Mannerheimintie und Mechelininkatu erstreckt. Im engeren Sinn ist es ein 2006 fertiggestellter multifunktionaler Komplex, der einen ganzen Block im Zentrum einnimmt. Auf seinen sechs Etagen beherbergt das Kamppi eines der größten **Einkaufszentren Finnlands** (► S. 100). Unter der Erdoberfläche verbergen sich auf zwei Geschossen die wohl modernsten unterirdischen Busbahnhöfe Europas für den Verkehr zur Nachbarstadt Espoo und den Fernverkehr. Die Wartehallen sind durch Glastüren von der Tiefgarage abgetrennt, in der die Busse abfahren.

Als beliebte Fortbewegungsmittel prägen die charakteristischen grünen Trams das Stadtbild. Aber auch mit dem Fahrrad oder zu Fuß lässt sich die Stadt prima erkunden.

Abtauchen oder oben bleiben?

Gleich daneben befindet sich mit der **Kamppi** die tiefste Metrostation ganz Helsinkis. Schon die Fahrt mit der Rolltreppe gut 30 m steil in die Tiefe ist ein Erlebnis. Im Inneren der Metrostation fallen dem Besucher sieben kristallartige Formationen an der höhlenartigen Decke auf, die sich bei näherem Hinsehen als insgesamt 735 Aluminiumschilder entpuppen, die quer durch den Erdboden zeigen: Das Kunstwerk »Wurzeln der Stadt« von Otto Karvonen, passenderweise an einem der zentralen Verkehrsknotenpunkte angebracht, verweist auf die Herkunftsorte der Helsinki-Bewohner und zugleich auf die Internationalität der multikulturellen Stadt.

Weiter geht es durch unterirdische Passagen zum ausladenden **Shoppingcenter Forum** (► S. 100), auch das **Stockmann** ist bei schlechtem Wetter über Verbindungen unter der Erdoberfläche zu erreichen.

Wer stattdessen die ›oberirdische‹ Variante wählt, trifft direkt vor dem Kamppi auf die 2012 eingeweihte **Kapelle der Stille** 2 (Kampin kappeli) auf dem Narinkka-Platz, deren markante Architektur einen Kontrapunkt zum bunten Großstadttrubel des Shoppingcenters präsentiert. Wer den ovalen Bau aus Holz betritt, erlebt einen puristischen Raum mit magischer Anziehungskraft, der das geschäftige Treiben ringsherum vollständig ausblendet.

Kunst, die unter die Oberfläche geht

Über die Yrjönkatu hinter dem Forum gelangt man in ein Viertel, das von der für Helsinki so typischen Bebauung mit überhohen Wohn- und Geschäftsblöcken geprägt ist. In einem dieser hohen Häuser zeigt das **Amos Anderson Kunstmuseum** 3 (Amos Andersonin taidemuseo) eine der größten privaten Kunstsammlungen des Landes, gestiftet vom Verleger und Zeitungsmacher Amos Anderson (1878–1961). Der Bestand ist der finnischen Kunst des 20. Jh. gewidmet, es gibt regelmäßig interessante Wechselausstellungen. Dabei soll es nicht bleiben: Im Januar 2016 wurde mit dem Bau eines Schwestermuseums begonnen, dem **Amos Rex Kunstmuseum** (Eröffnung voraussichtlich 2018). Das Herz des neuen Museums, eine 2000 m² große Ausstellungshalle, entsteht unter dem Lasipalatsi-Platz vor dem Kamppi. Mit den Umbauarbeiten wird der gesamte Platz modernisiert.

U
UNTERGRUND

Helsinki ist die erste Stadt der Welt, die einen Masterplan zur Nutzung ihres Untergrundes entworfen hat. Insgesamt wurden bereits unglaubliche 9 Mio. m³ mit über 400 verschiedenen Einrichtungen zur Wasser- und Energieversorgung sowie als Park- und Lagerraum bebaut, der tiefste Punkt der Unter-Welt liegt dabei 100 m unter dem Meeresniveau. Darüber hinaus sind zahlreiche Fußgängerpassagen unter der Erde versteckt, über die man die wichtigsten Orte der Stadt erreichen kann: Ein weiteres Zentrum unter der Oberfläche neben dem Kamppi ist der Stationstunnel (Asematunneli), der den Hauptbahnhof mit dem City-Center und wiederum mit Sokos und dem Forum verbindet. Oft sind die Tunnel schwer zu finden, sodass sich ein wahrer Irrgarten unter der City erstreckt.

INFOS/ÖFFNUNGSZEITEN

Kapelle der Stille 2: Simonkatu 7, T 09 23 40 20 18, Mo–Fr 8–20, Sa/So 10–18 Uhr

Amos Anderson Kunstmuseum 3: Yrjönkatu 27, T 09 684 44 60, www.amosanderson.fi, Mo und Do/Fr 10–18, Mi 10–20, Sa/So 11–17 Uhr, 12 €, für Kinder unter 18 Jahren frei

Ateljee Bar 1: im Sokos Hotel Torni, Yrjönkatu 26, T 010 784 20 80, www.raflaamo.fi/en/helsinki/atelje-bar, Mo–Do 14–1, Fr 14–2, Sa 12–2, So 14–24 Uhr

Yrjönkatu-Hallenbad 1: Yrjönkatu 21b, Sept.–Mai, Frauen Mo 12–20, Mi, Fr 6.30–20, So 12–20, Männer Di, Do 6.30–20, Sa 8–20 Uhr, 5,50 €, Kinder 2,50 €, eigene Kabine im OG 14 €

KULINARISCHES FÜR ZWISCHENDURCH

Im Kamppi seien diese Cafés empfohlen: **Café Ekberg** 1: Bulevardi 9, T 09 681 18 60, www.cafeekberg.fi, Mo–Fr 7.30–19, Sa 8.30–17, So 9–17 Uhr, Frühstücksbüfett Mo–Fr 7.30–10.30, Sa/So 9–13.30 Uhr

Café Charlotta 2, u. a. mit veganen Kuchen (Runeberginkatu 5 B, www.kahvicharlotta.com), **Kaakaopuu** 3 (Runeberginkatu 5 B, www.kaakaopuu.fi) mit belgischer Schokolade und **Konstan Möljä** 4 (Hietalahdenkatu 14, www.konstanmolja.fi) mit traditionellen finnischen Gerichten (► S. 95).

Cityplan: F/G 5/6 | **Metro** Rautatientori, Kamppi

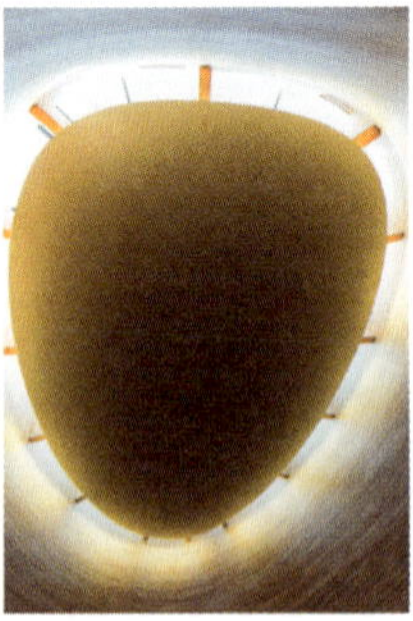

Die Kapelle der Stille wurde ganz bewusst als Kontrast zum lebhaften Kamppi und ohne Fenster gestaltet.

Mutter aller skandinavischen Bäder

Die Yrjönkatu führt in einer S-Kurve am schwedischsprachigen Kleinen Theater vorbei bis zum **Yrjönkatu-Hallenbad** 1 (Yrjönkadun uimahalli). Beeindruckend an der 1928 fertiggestellten, klassizistischen Badeanstalt ist das im Stil römischer Thermen gestaltete Innere. Im Untergeschoss steigen Sie direkt in den 25m-Pool – und tauchen zugleich in den Luxus der goldenen Zwanziger ein. Neben den zwei Elektrosaunen im Untergeschoss finden Gäste des teureren Obergeschosses dort neben einer großen, mit Holz geheizten Sauna und zwei weiteren Saunen auch private Umkleidekabinen mit Liegen. Auf dem Gang mit Blick aufs Wasser können Sie an kleinen Tischen relaxen oder sich von Kellnerinnen in Uniform Getränke oder Snacks bringen lassen. Bis 2001 waren die Badegäste ausschließlich nackt, seither ist auch das Tragen von Badebekleidung erlaubt, noch immer gibt es jedoch getrennte Öffnungszeiten für Frauen und Männer. Das Hallenbad ist übrigens nicht nur das älteste Helsinkis, sondern auch ganz Skandinaviens und war jahrzehntelang das einzige öffentliche Schwimmbad Finnlands.

Stilles Örtchen mit Ausblick

Eine fantastische Aussicht über die Skyline Helsinkis und die Ostsee haben Sie auf der Terrasse der **Ateljee Bar** 1 im 14. Stock des historischen **Hotels Torni** (zu Deutsch: ›Turm‹, ► S. 88), dem einzigen Architektenhochhaus Helsinkis. Als das Hotel 1931 eröffnet wurde, war es mit seinen fast 70 m das höchste Gebäude Finnlands, bis 1987 das höchste Helsinkis. Den Abend bei einem (teuren) Cocktail weit über den Dächern der Stadt ausklingen zu lassen und später das Lichtermeer unter sich zu sehen, lohnt sich allemal! Ein kleiner Extra-Leckerbissen sind die monatlich wechselnden Ausstellungen finnischer Künstler. Die imposanteste Aussicht haben übrigens die Damen auf der Torni-Toilette, wo sie mit Panoramablick durch die Glasfronten – nun ja, ihr Geschäft erledigen können.

Prost! ›Kippis‹ sagt man dazu meist in Finnland oder gerne auch sinnfrei ›hölkyn kölkyn‹, wenn der Alkoholpegel bereits gestiegen ist.

Zeugen der Zeit

Zu Füßen des Torni und vor der Kulisse der hoch aufragenden Bebauung der Jahrhundertwende duckt sich die **Alte Kirche** 4 (Vanhakirkko) am Rande eines Parks. Das in hellen Farben gehaltene hölzerne Gotteshaus, das heute so klein und fast verloren wirkt, war nach seiner Einweihung 1826 die Hauptkirche der Stadt. Von Anfang an sollte es diese Rolle aber nur so lange behalten, bis der Dom am Senatsplatz fertiggestellt wurde.

Hinter der Kirche fällt der idyllische Park **Vanha kirkkopuisto** 5 sachte zum Bulevardi ab, eine grüne urbane Lunge mit schattigen Bäumen, Parkbänken, Monumenten und einigen Grabsteinen.

UM DIE ECKE

Vom Torbogen an der Alten Kirche in westlicher Richtung ist es nicht weit zum **Café Ekberg** 1, der ältesten Konditorei Helsinkis. Zwar gibt es auch hier täglich wechselnde Lunchmenüs, aber die Renner sind nach wie vor die frischen Torten und süßen Delikatessen.

Ü ÜBRIGENS

Die Grabsteine im **Vanha kirkkopuisto** sind die Überreste des einst einzigen offiziellen Friedhofs der Stadt, auf dem u. a. auch finnische und deutsche Soldaten des Bürgerkriegs beigesetzt wurden. 200 Jahre zuvor war der heutige Park als Pestfriedhof (Ruttopuisto) bekannt – nachdem hier 1710 während des Nordischen Krieges für etwa 1000 Seuchentote Massengräber angelegt worden waren.

7

Für die schönen Dinge des Lebens – **im Design-Distrikt**

Laufsteg für Designer, Trendsetter und Modeschöpfer, quirliger Szenetreff, angesagte Galerien, witzige Läden, junge Clubs und ein ausschweifendes Nachtleben – das ist der Design-Distrikt. Mehr als 20 Straßen machen den wohl spannendsten Stadtteil Helsinkis aus. Eine passende Unterkunft findet man in einem der vielen Boutiquehotels.

Nach Sauna und Mücken ist Design wohl das dritte Klischee, das man mit Finnland in Verbindung bringt. Doch man sollte darüber nicht vergessen, dass finnisches Design, seine Schlichtheit und Funktionalität, sein stimmiger Gebrauch beschränkter Ressourcen spätestens seit den 1930ern Weltruf besitzen. Helsinki bietet hier den Anlaufpunkt, um in die Welt des Interior & Industrial Design einzutauchen. Praktisch, dass

Design oder Nicht-Design, das ist hier die Frage. Die Antwort bekommen Sie beim Window-Shopping im Design-Distrikt.

INFOS/ÖFFNUNGSZEITEN

Designmuseum 2: Korkeavuorenkatu 23, T 09 622 05 40, www.design museum.fi, tgl. 11–18, Nebensaison Di 11–20, Mi–Sa 11–18 Uhr, 10 €
Museum für finnische Architektur 3: Kasarmikatu 24, T 09 85 67 51 00, www.mfa.fi, Di–So 11–18, Mi bis 20 Uhr, 8 €, unter 18 Jahren frei, Kombiticket für das Design-Museum 12 €

KULINARISCHES FÜR ZWISCHENDURCH

Untergebracht in einem alten Bankgebäude, ist das **Ravintola & Bar Grotesk** 1 eine In-Lokalität an exponierter Stelle mit Cocktailbar, Terrasse und Restaurant mit amerikanischer Küche (Ludvikinkatu 10, T 010 470 21 00, www.grotesk.fi, Restaurant Di–Sa 17–14, Bar und Terrasse Di–Do 17–1, Fr/Sa 17–2 Uhr).

Cityplan: G 5/6 | **Tram** 3, 6, 10, **Bus** 24

fast alle bekannten Markennamen mit einer Niederlassung oder Werkstatt in jenem Viertel vertreten sind, das aus diesem Grund den Beinamen Design-Distrikt trägt.

Kreativität im Überfluss

Bei so vielen kreativ-jungen Köpfen auf so engem Raum nimmt es nicht wunder, dass der Distrikt auch auf anderen Gebieten Energien freisetzt. Junge Mode, Accessoires, Möbel, Hair-Stylistik, Clubs und Hybridrestaurants, Boutiquehotels und Werbeagenturen – all das macht das Viertel für eine hauptsächlich jüngere Kundschaft interessant. Am heftigsten tobt das Leben in der Fußgängerzone **Iso Roobertinkatu** 1 und der parallel verlaufenden **Uudemaankatu** 2. Nördliche Grenze ist die breite Verkehrsachse **Bulevardi** 3 – eine gute Adresse für Kunst, Antiquitäten und Lederwaren. Im Westen geht der Distrikt bis zur Fredrikinkatu und darüber hinaus. Hier werden in kleinen, persönlichen Boutiquen vor allem Mode und Innendekoration verkauft.

Ein guter Startpunkt für eine Erkundungstour durch den Design-Distrikt ist die Esplanade, Hel-

▶ INFOS & FÜHRUNG

Eine Übersicht über die interessantesten Läden und neusten Entwicklungen des Distrikts gibt die Website www.designdistrict.fi. Mit dem **›Design Walk‹** können Sie den Design-Distrikt und die Geschichte der bekanntesten Geschäfte kennenlernen sowie mit aktuellen Designern ins Gespräch kommen – alles unter sachkundiger Führung (auf Englisch, jeden Fr 15 Uhr, Buchung über Happy Guide Helsinki, T 0445 02 00 66, www.hassutourshelsinki.com, 2,5 Std 20 €). Die Touren starten vor dem Artek-Laden auf der Eteläesplanadi 18.

Ein farbenfrohes Beispiel für echt finnisches Design im Alltag ist das Label Marimekko.

sinkis ›Autobahn‹ mit integriertem Grüngürtel. Am westlichen Ende der Eteläesplanadi (Südliche Esplanade) findet sich mit **Artek** 4 (► S. 102) ein Muss für Freunde der klassischen Designmoderne. Alvar Aalto (1898–1976) und andere junge finnische Designer gründeten die Firma 1935, um ihre Produkte besser vermarkten zu können.

Endlos entdecken

Weiter in Richtung Westen, vorbei am Schwedischen Theater, gelangt man zum tortenstückförmigen **Kolmikulma-Park** 1 (Kolmikulma-puisto), der schon im Herzen des neuen Trendviertels der Hauptstadt liegt. In seiner Umgebung wimmelt es von Design- und Antiquitätengeschäften, Modeläden, Kunstgalerien und Restaurants. Hier findet man die größten und interessantesten Namen der Welt des finnischen und internationalen Designs, die Klassiker der Moderne, aber auch die aktuellen Trendsetter. Auch nur die wichtigsten Adressen aufzuzählen würde zu weit führen – hier ist Entdeckergeist angesagt!

Design verstehen

Wem nach so viel Window-Shopping nach etwas geistiger Nahrung zumute ist, der sollte den kurzen Weg die Yrjönkatu hinunter zum Koulupuistikko, dem nächsten Tortenstückplatz, nicht scheuen: Hier befindet sich auf der Vorderseite das **Designmuseum** 2 (Designmuseo), untergebracht in einem Schulgebäude von 1894. Die Bestände zeigen Designprodukte nicht nur der Moderne, und natürlich sind hier alle großen finnischen Namen vertreten. Daneben gibt's Wechselausstellungen mit Objekten von Designern aus dem In- und Ausland. Auf der Rückseite des Designmuseums (an der Kasarmikatu) könnte das **Museum für finnische Architektur** 3 (► S. 81) die Eindrücke vervollständigen.

W WHO'S WHO

Neben Alvar Aalto und Ilmari Tapiovaara sollten Sie für Ihren Einkaufsbummel auch die Namen anderer **finnischer Designer** auf dem Schirm haben: Yrjö Kukkapuro (geb. 1933), der den Stuhlklassiker Ateljee entwarf, Tapio Wirkkala (1915–85), der für die Glasfirma Iittala arbeitete, und Kaj Franck (1911–89), der u. a. Chefdesigner bei der Firma Arabia war.

Russland ganz nah – **die Katajanokka-Halbinsel**

#8

Hoch überragt die backsteinrote Uspenski-Kathedrale das Viertel Katajanokka, das früher gerne als Kulisse für Thriller aus der Epoche des Kalten Krieges genommen wurde. Doch keine Angst: Statt düsterem Ostblock-Charme prägen hübsche Plätze, ansehnliche Gebäude, gute Restaurants und der stete Blick aufs Wasser die Halbinsel.

Als man in den 1840ern einen schmalen Kanal aushob, wurde aus der Halbinsel Katajanokka (schwed.: Skatudden) eigentlich eine Insel. Diese erreicht man vom Kauppatori aus am bequemsten über eine Fußgängerbrücke und überquert dabei eine unsichtbare Grenze: auf der einen Seite das kompakt bebaute neoklassizistische Stadtzentrum, auf der anderen eine ruhige Wohnumgebung mit einer interessanten Me-

Erfrischend anders: Baden im hohen Norden kann auch mal einen Sprung ins kalte Wasser bedeuten, aber mit der Uspenski-Kathedrale im Hintergrund lohnt sich der auf jeden Fall.

Cityplan: H–K 5/6 | **Tram** 4/4T

INFOS/ÖFFNUNGSZEITEN

Uspenski-Kathedrale 1: Kanavakatu 1, T 09 85 64 62 00, Di–Sa 9.30–16, So 12–15 Uhr

SkyWheel 1: Katajanokanlaituri 2, www.finnair-skywheel.com/en, Mo–Do 10–21, Fr 10–22, Sa 10–23, So 10–20 Uhr. 15-minütige Fahrt 12 €, für Gruppen gibt es Rabatte, Tickets auch online

Allas Sea Pool 2: Katajanokanlaituri 2, www.allasseapool.fi, tgl. 10–21, Fr/Sa bis 23 Uhr, Eintritt für Pools und Saunen 9 €, 3–11 Jahre 6 €

KULINARISCHES FÜR ZWISCHENDURCH

Bellevue 1: Rahapajankatu 3, T 09 17 95 60, www.restaurantbellevue.com, Di–Fr 11–23, Sa 13–23 Uhr, Hauptgericht 20–55 €

Katajanokka-Kasino 2: Laivastokatu 1, T 09 61 28 63 00, www.katajanokankasino.fi, Mo–Fr 11–15 Uhr, Lunch-Menü 36–41 €

lange aus alten Zoll- und Packhäusern, Jugendstilgebäuden, neoklassizistischen Prunkbauten und neuerer Architektur.

Uspenski-Kathedrale

Wahrzeichen auf der Kuppe

Das alles überragende Gebäude der Halbinsel, das bereits vom Kauppatori und von vielen anderen Stellen der Hauptstadt zu sehen ist, ist die **Uspenski-Kathedrale** 1 (Uspenskin katedraali), immerhin die größte russisch-orthodoxe Kirche Nordeuropas. Ihre monumentale Wirkung wird noch gesteigert, weil sie ähnlich wie der Dom auf einer Granitkuppe steht. Die der ›entschlafenen Jungfrau Maria‹ geweihte Kathedrale entstand 1868 im altrussischen Stil. Außen ist sie mit rotem

Backstein verkleidet, darüber sieht man rings um den Turmhelm mehrere vergoldete Laternen. Das Innere wird von bemalten Granitsäulen und einer prachtvoll vergoldeten Ikonostase beherrscht. Ein besonderes Erlebnis ist es, hier einem Gottesdienst nach orthodoxem Ritual beizuwohnen, der in der alten slawischen Kirchensprache zelebriert wird. Von der Terrasse hat man einen schönen Blick auf den Nordhafen und nach Westen auf das Zentrum.

Im Schatten der Uspenski-Kathedrale können Sie sich auch kulinarisch mit dem Thema Russland befassen. Das Restaurant **Bellevue** ❶, noch in zaristischer Zeit gegründet (1917), gilt als älteste russische Gaststätte Finnlands. Die Aufmachung ist edel und angenehm zurückhaltend, was folkloristisches Dekor betrifft. Aus der Küche kommen russische Klassiker auf hohem Niveau, eine schöne Aussicht bietet das Bellevue allerdings nicht.

Kasino mit Vergangenheit

Schöner ist es, wenn man von der erwähnten Terrasse zum idyllischen Viertel am Kai des Nordhafens hinabsteigt. Dort sieht man den roten Backstein mehrerer restaurierter **Hafenmagazine** 2 aus dem 19. Jh., vor denen nun die Fackeln edler Restaurants brennen. Direkt am Wasser entlang führt die Laivastokatu etwas weiter östlich zum hellgrünen **Katajanokka-Kasino** ❷ (Katajanokan Kasino), einem ehemaligen Lagerhaus, das 1911 sein heutiges Aussehen als Kasino für die Seeoffiziere der Russischen Kaiserlichen Flotte erhielt. Während der Märzrevolution 1917 wurden im

K
KINO, KINO

Cineasten aufgepasst! Als die Hollywood-Produzenten während des Kalten Krieges keine Drehgenehmigungen in der Sowjetunion bekamen, fanden sie auf Katajanokka für Spionage- und andere Filme die perfekten ›russischen‹ Drehorte: Hier ein paar Lenin-Bilder und die rote Fahne als Deko, dort kyrillische Inschriften oder russische Autos – voilà, schon agierten die Filmstars in Moskau oder Leningrad. Auf diese Art entstanden hier große Teile so bekannter Streifen wie »Brief an den Kreml«, »Telefon«, »Reds« und »Gorky Park«.

Als wär's ein Stück Russland: Orthodoxes in der Uspenski-Kathedrale.

▶ INFO

Die **Tramlinie 4** ist besonders für Architektur-Interessierte als bequemes Verkehrsmittel zu empfehlen. Von ihrer südlichen Endhaltestelle, der Marinekaserne auf Katajanokka, führt sie an den Eisbrechern, Jugendstilgebäuden und der Uspenski-Kathedrale vorbei zum Senatsplatz, dann über die Mannerheimintie mit ihren repräsentaiven Bauten auf Seurasaari zu und zum Stadtteil Munkkiniemi. Dort können Sie u. a. das Aalto-Haus und das Aalto Studio leicht zu Fuß erreichen. Die Endstation der Tramlinie befindet sich am Hotel Kalastajatorppa.

Schöne Aussicht! Auf Wunsch im SkyWheel auch mit Sauna

Festsaal die Offiziere von den aufständischen Soldaten hingerichtet, kurze Zeit später wehte vom Dach die schwarze Fahne der Anarchisten. Heute beherbergt das Kasino ein beliebtes Restaurant mit Terrassencafé.

Das Eis brechen

Den aussichtsreichen Weg im Süden überragen Häuser der Jahrhundertwende, die vielfarbig auf einer Klippe thronen. Danach passiert man Bootsanleger mit viel maritimer Atmosphäre, bis einige mächtige Schiffe auftauchen. Sie gehören zur **Flotte der finnischen Eisbrecher** 3, die hier am Nordufer ›übersommert‹, während sie in der kalten Jahreszeit die Schiffswege im Finnischen und Bottnischen Meerbusen frei hält. Die Insel dahinter ist übrigens Korkeasaari, auf der sich der Helsinkier Zoo befindet.

Südlich der Eisbrecher öffnet sich im Zentrum von Katajanokka ein prächtiger Platz, der **Merisotilaantori** 4, der früher für Paraden genutzt wurde. Im Süden wird er vom ehemaligen Lazarett der **Marinekaserne** 5 begrenzt, rechts und links flankiert von großen Kasernen, die 1820 auf den blanken Fels gesetzt wurden. Bei den Unruhen und Revolutionen von 1906 und 1917 wurde hier blutige Geschichte geschrieben. Heute ist in den Gemäuern das Außenministerium untergebracht. Nicht weit davon entfernt blickt auch das **Distriktgefängnis** auf eine bewegte Geschichte zurück – heute als **Hotel Katajanokka** 1 (▶ S. 88).

UM DIE ECKE

Urbane Spa-Landschaft

Am Rande des Marktes und unterhalb des Riesenrads **SkyWheel** 1, perfekter könnte die Location für den 2016 eröffneten **Allas Sea Pool** 2 nicht sein! Wo bislang eine schwarze Asphaltwüste Langeweile verbreitete, steht nun ein mehrstöckiger z. T. schwimmender Komplex aus Holz mit Terrassen, Restaurants, Cafés, dem ›Centrum Balticum‹, einer Spa-Landschaft mit einem Salzwasser- und zwei beheizten Süßwasserpools und natürlich Saunen. Ganzjährig sollen hier Einheimische und Besucher baden oder die Pools im Winter nach dem Saunagang nutzen können.

Arbeiterquartier im Wandel – **zwischen Nordufer und Kallio**

#9

Eine elegante Uferstraße, eine Inselidylle mit Möwengeschrei, Sommercafés, Brücken, ein Markt und ein Arbeiterquartier im Wandel – der Spaziergang vom Nordufer nach Kallio zeigt ein vielschichtiges, abwechslungsreiches und authentisches Helsinki-Bild.

Den besten Blick auf die Uferstraße Pohjoisranta (= Nordufer) hat man von der Terrasse der **Uspenski-Kathedrale** (▶ S. 48). Dabei ist zu sehen, dass die Allee elegante Großstadtbebauung aus der Zeit um 1900 bietet, mit Türmchen, Erkern und viel Dekor. Wunderschön ist im Sommer die Aussicht auf die Segelschiffe und Yachten, die am **Halkolaituri Pier** 1 dümpeln, dahinter die bebauten Klippen von Katajanokka und die Insel Korkeasaari. Noch schöner wäre das Bild freilich, wenn es die Kohlehalden und Schornsteine im Norden nicht gäbe.

Bloß keine Hektik! Kallios Image als Malocher-Quartier hat sich überlebt und wird mit jedem Cappuccino ein bisschen mehr Vergangenheit.

INFOS/ÖFFNUNGSZEITEN

Kallio-Kirche 5: Itäinen papinkatu 1, T 09 23 40 36 20, Mo–Fr 7–21, Sa/So 9–19 Uhr

Teurastamo 1: Schlachthof, Työpajankatu 2, T 040 579 84 44, www.teurastamo.com, tgl. 24 Std.

KULINARISCHES FÜR ZWISCHENDURCH

Das **Savu** 1, ein über 200 Jahre altes rotes Holzhaus, wartet mit toller Insellage, rustikaler Inneneinrichtung, geräucherten Spezialitäten und Shop mit Kunsthandwerk auf (Tervasaarenkannas 3, T 09 74 25 55 74, www.ravintolasavu.fi, Bus 18, im Sommer Mo–Sa 12–23, So 13–18 Uhr, 2-Gang-Lunchmenü 29 €, Hauptgerichte 23–35 €).

Deutlich günstiger ist das Chill-Out-Restaurant **Onda** 2, auf der Grenze zwischen Hakaniemi und Kallio gelegen. Die Atmosphäre hier ist etwas hipster-mäßig, das Essen lecker, die Musik entspannt (► S. 97). Liebhaber der Weltküche finden in Kallio auch im **Sandro** 3 (► S. 97) und im **Café Bergga** 4 (Viides Linja 14, www.bergga.fi, Mo–Fr 7.30–22, Sa 10–22, So 10–20 Uhr) beim Karhupuisto (Bärenpark) karibisch inspirierte Kuchen, Salate etc.

Cityplan: G–J 2–4 | **Tram** 1/1A, 2, 7A/B, 9, **Metro** Hakaniemi, Kaisaniemi

Vom schwarzen Teer zur grünen Oase

Auf Höhe des schattigen Elisabethsparks ist von der Pohjoisranta aus die Teerinsel, **Tervasaari** 2, zu Fuß zu erreichen, da ein langer Damm sie mit dem Festland verbindet. Auf dem Inselchen hatten im 16. Jh. Händler ihre Teerlager, heute gibt es hier eine hübsche Grünanlage mit dem populären Restaurant **Savu** 1. Allein die Aussicht ist den Abstecher wert! Auf der vom Nordufer nach Westen führenden Liisankatu entdeckt man manch schön erhaltenes Haus im Jugendstil oder Funktionalismus, ebenso auf den Nachbarstraßen Kristianinkatu, Kulmakatu und Meritullinkatu. Am westlichen Ende der Liisankatu markiert eine vergoldete Zwiebelkuppel das fünfstöckige **Gebäude der orthodoxen Gemeinde** 3. 1905 errichtet, beherbergt es das Pfarrhaus und eine Kapelle; im Requisitengeschäft nebenan bekommt man einschlägige Heiligenbilder, Literatur oder Postkarten.

Die **Lange Brücke** 4 (Pitkäsilta), die eigentlich ziemlich kurz ist, markierte früher die Grenze zwischen dem gutbürgerlichen Helsinki und dem Arbeiterviertel Hakaniemi. Das luxuriöse Hilton-Hotel und viel verglaste Architektur machen aber deutlich, dass in Hakaniemi von proletarischem Milieu keine Rede mehr sein kann.

Die ehemaligen Einfachstquartiere mit dreckigen Hinterhöfen glänzen heute wie Granitschlösschen und der Blick auf Wasser, Bootsanleger, Park und Strand macht diesen Teil des Viertels zur bevorzugten Top-Lage. **Hakaniementori** 1 (► S. 101), der große Marktplatz von Hakaniemi, wird umringt von hohen Geschäftshäusern, Banken und Hotels.

In Kallio findet man die ausgefallensten Cafés und Restaurants der Stadt – probieren lohnt sich!

Hereinspaziert!

Zum Norden hin steigt vom Hakaniementori das Gelände leicht an und führt schnurgerade ins Viertel Kallio (wörtl.: Fels, Berg), das ebenfalls ursprünglich ein Arbeiterquartier war – die Straßenzüge rundherum können das nicht verleugnen. Heute präsentiert sich das junge Viertel quirlig, trendy und alternativ, und ist zudem ein wenig günstiger als die althergebrachten Stadtteile.

Von Kallios höchster Stelle grüßt der Turm der 1912 erbauten **Kallio-Kirche** 5 (Kallion kirkko) weit in jede Richtung und ist damit fester Bestandteil der Hauptstadt-Skyline. Die graue Granitkirche verkörpert neben dem Nationalmuseum am besten den Stil der Nationalromantik. Von der Terrasse hat man einen schönen Blick nach Süden bis hin zur Uspenski-Kathedrale, wo der Spaziergang begann.

UM DIE ECKE

(Ess-)Kultur im alten Schlachthof

Klar, der Name **Teurastamo** 1 klingt sehr martialisch. Tatsächlich wurde früher in den roten Backsteingebäuden das Vieh zerlegt und weiterverarbeitet. Seit 2012 findet man hier, nordöstlich von Kallio, jedoch ein kulinarisches Kulturzentrum mit tollen Restaurants, Events und Konzerten, Street-Food-Festivals, Märkten und den aktuellsten Foodtrends. Die **BSmokery** trat beispielsweise erstmals bei dem beliebten Restaurant-Day auf. Wo alte Fabrikschornsteine noch einen Hauch von Industrie verströmen, lässt es sich auf der Liegewiese prima picknicken und entspannen.

E
ESSEN

Besuchen Sie unbedingt zum Mittagessen die **Hakaniemi-Markthalle** (Mo–Fr 8–18, Sa 8–16 Uhr) direkt an der Metrostation Hakaniemi. Antikes gibt's im Sommer immer sonntags auf dem Flohmarkt am Hakaniementori.

10

Weiße Bauten, blaues Wasser – **entlang der Töölö-Bucht**

Schon in den 1950ern plante man, rund um das blaue Wasser der Töölö-Bucht das Zentrum des neuen Helsinki entstehen zu lassen. Doch erst die spektakulären Projekte der letzten Jahre ließen die Pläne Wirklichkeit werden.

Zwischen der verkehrsreichen Schneise der Mannerheimintie und der Töölö-Bucht, nicht weit vom Reichstag entfernt und schräg gegenüber vom Nationalmuseum, erhebt sich inmitten eines kleinen Parks die markant konturierte **Finlandia-Halle** 1 (Finlandiatalo). Der Komplex aus weißem Carrara-Marmor und grauem Granit ist eine der auffälligsten Landmarken der Hauptstadt, er wurde 1971 fertiggestellt und 1975 erweitert. Bis in kleinste Details trägt die

Wie geschaffen für Performances und Kunst-Aktionen: der Platz vor der weißen Marmorfassade der Finlandia-Halle.

Halle die Handschrift ihres Erbauers Alvar Aalto (► S. 81). Alljährlich finden im Haus über 200 Konzerte statt, u. a. spielt von September bis Mai allwöchentlich hier das weltbekannte Philharmonische Orchester Helsinkis. Wer sich für die Architektur interessiert, kann die Halle auch außerhalb von Konzerten auf geführten Rundgängen besichtigen. Das Foyer und die Ausstellungen der ›Galerie Veranda‹ sind aber auch ohne Eintrittsgeld anzusehen.

Architektonisches Ausrufezeichen

Die **Finnische Nationaloper** 2 (Suomen kansallisooppera, ► S. 108) ist das nächste Wahrzeichen des neuen Helsinki. Innerhalb der Parklandschaft rund um den See setzt das weiße, 1993 fertiggestellte Opernhaus ein architektonisches Ausrufezeichen. Angesichts leerer Kassen war der Bau der zur Töölö-Bucht hin komplett verglasten Oper seinerzeit umstritten, doch konnte sich die Kultur gegenüber den ökonomischen Zwängen durchsetzen. Mit seiner Experimentierbühne sowie mehreren Ballett-, Proben- und Chorsälen ist der Bau heute aus dem hauptstädtischen Kulturleben nicht mehr wegzudenken. In der Nationaloper werden sowohl klassische als auch moderne Opern und Ballettstücke gegeben. Die Preise sind noch moderat, viele Vorstellungen oft lange im Voraus ausgebucht – also rechtzeitig Karten besorgen!

Training unter Bäumen

Hinter der Oper sollte man den kleinen Schlenker nach links nicht scheuen, wo im Viertel jenseits der Helsinginkatu eindrucksvolle Sportstätten und Arenen konzentriert sind. Umgeben ist das Ganze von Fichten, Kiefern und glattgeschliffenen Granitkuppen, die die Nähe der Großstadt vergessen lassen – Natur pur. Eine Art sportliches Entree bildet die von Wäino Aaltonen gestaltete **Nurmi-Statue** 1, die an eine Ikone des finnischen Sports erinnert. Der Langstreckenläufer und Nationalheld Paavo Nurmi (1897–1973), dessen vergoldete Schuhe im nahen Sportmuseum aufbewahrt werden, nahm in den 1920ern an drei Olympischen Spielen teil und gewann dabei neun Gold- und drei Silbermedaillen – im Gegensatz zur Darstellung des Denkmals allerdings niemals

P
POLITIK

Die **Finlandia-Halle** ist nicht nur ein tolles Konzerthaus, sie war 1973 auch der Ort der ersten ›Konferenz für Sicherheit und Zusammenarbeit in Europa‹ (KSZE). An ihr nahmen 15 NATO-Staaten, sieben Staaten des Warschauer Paktes und 13 neutrale Länder teil. Auf die Schlussakte der Konferenz, die sogenannte Helsinki-Charta, beriefen sich bis zum Zusammenbruch des Warschauer Paktes alle Freiheitsbewegungen in Osteuropa. Zwei Jahre später ging aus der Konferenz die ›Organisation für Sicherheit und Zusammenarbeit in Europa‹ (OSZE) hervor.

Finlandia-Halle

INFOS/ÖFFNUNGSZEITEN

Finlandia-Halle 1: Mannerheimintie 13, T 09 402 41, www.finlandiatalo.fi, Info-Shop, Veranda-Café und Veranda-Galerie Mo–Fr 9–19 Uhr, Führungen 15 €

Wintergarten 4: im Eläintarha-Park, Hammarskjöldintie 1, Mo–Sa 12–15, So 12–16 Uhr, Eintritt frei

KULINARISCHES FÜR ZWISCHENDURCH

Rund um den Töölö-See gibt es reichlich Gelegenheit zum Einkehren. Am schönsten aber ist es an einem trockenen Sommertag auf der Terrasse des **Cafés Sininen Huvila** 1 (Linnunlauluntie 11H, T 050 408 08 16, www.sininenhuvila.weebly.com, im Sommer tgl. 10–22 Uhr). Ein bunt bemalter Kaffeetopf weist den Weg zum blauen Holzhäuschen, das verschwiegen im Wald oberhalb des Ufers thront. Der fantastische Blick auf die Prunkbauten jenseits der Bucht konkurriert mit dem ebenfalls fantastischen Kuchen. Bei gutem Wetter lässt sich der Seeblick am besten im **Café Veranda** 2 der Finlandia-Halle (Mo–Fr 9–19 Uhr und zwei Stunden vor Konzertbeginn) direkt am Wasser genießen. Ähnlich gut sitzt man im modernen Café-Restaurant der Nationaloper.

Cityplan: E–G 1–4 | **Tram** 2, 7A/7B, 4, 8, 10

In Bronze festgehaltene Dynamik: Paavo Nurmi, Finnlands unvergessener Olympionike. Und wo könnte er besser laufen als vor dem Olympiastadion?

nackt. Ganz in der Nähe huldigt eine weitere Statue dem Langstreckenläufer Lasse Viren (geb. 1949). Von der Nurmi-Statue (besser noch: von dem Hügel zur Rechten) hat man einen guten Blick auf das **Olympiastadion** 2 (Stadionin tulevaisuustyö), das bereits für 1940 geplant und im Wesentlichen fertiggestellt worden war – wegen des Zweiten Weltkriegs mussten die Olympischen Spiele damals aber ausfallen und wurden erst 1952 nachgeholt. Die Modernität dieser landesweit größten Sportarena erschließt sich wohl am ehesten, wenn man sie mit dem ›Vorgängerbau‹, dem Berliner Olympiastadion, vergleicht. In den Räumlichkeiten des 40 000-Zuschauer-Stadions sind eine Jugendherberge, ein Café und das finnische Sportmuseum untergebracht. Nachdem 2005 bereits eine Seite des Stadions überdacht worden war, werden bis 2019 auch die anderen Tribünen mit einem Dach ausgestattet und das gesamte Bauwerk gründlich modernisiert. Wegen der Renovierung sind alle Institutionen derzeit geschlossen, auch der markante, 72 m hohe Aussichtsturm ist für mehrere Jahre nicht zugänglich.

Für jede Jahreszeit

In unmittelbarer Nähe sind weitere Sportstätten angesiedelt: u. a. das moderne **Sonera-Stadion,** die **Eissporthalle** (Jäähalli), das **Schwimmstadion** und mehrere Fußballplätze. Von diesen Arenen im Grünen spaziert man nur wenige hundert Meter südöstlich auf den idyllischen **Eläintarha-Park** 3 (Eläintarhan puisto) zu, der gegen Ende des 19. Jh. angelegt wurde und mit einigen Statuen geschmückt ist. In seinem Zentrum befindet sich die Eisen-Glas-Konstruktion des **Wintergartens** 4 von 1893, dessen Besuch durchaus lohnt. Davor fällt das Gelände in mehreren Terrassen mit Rosengärten und anderen Blumen wieder zur Helsinginkatu und zur Töölö-Bucht ab.

UM DIE ECKE

Alles auf einen Blick

Der Spaziergang um die Töölö-Bucht nimmt nicht viel Zeit in Anspruch. Aber er lohnt sich unbedingt! Auf der Ostseite der Bucht führt der Weg erhöht am Ufer entlang, mit einer tollen Perspektive auf die Wasserfontäne sowie auf Reichstag, Musik-Haus, Finlandia-Halle, Nationaloper und Nationalmuseum. Jetzt versteht man, warum in der Stadtplanung von Alvar Aalto und anderen die Töölö-Bucht die wichtigste Rolle spielte. Dabei gibt es auf dieser Seite, im Distrikt Linnunlaulu, so gut wie keine repräsentativen Bauten, dafür aber manche schön restaurierte, herrschaftliche Holzvilla, darunter mehrere alte **Kapitänshäuser** 5 sowie das idyllische **Café Sininen Huvila** 1. Die alte Holzbebauung und die Natur sind es, die die Strecke so attraktiv machen. Am Ende kann man auf einer Fußgängerbrücke die Eisenbahngleise überqueren und die Tour in Richtung Stadttheater bzw. Hakaniemi-Platz fortsetzen. Oder man bleibt am Ufer und komplettiert die Runde bis zum Ausgangspunkt, der **Finlandia-Halle.**

S SPORTLICH

Für Bewegungs-Fans: An der Töölö-Bucht können Sie am Wasser entlangjoggen, unter Bäumen wandern und zwischendurch eine Partie Schach mit Großfiguren im Hesperiapark spielen. Genauso gut können Sie die Picknickdecke ausbreiten, sonnenbaden, Enten füttern, Fahrrad fahren oder den See – je nach Jahreszeit – mit Kanu oder Schlittschuhen erkunden und dabei fantastische Blicke auf die Gebäude rundherum genießen. Eine geführte zweistündige Kayak-Tour bietet Natura Viva an (direkt hinter der Finlandia-Halle, T 010 292 40 30, www.naturaviva.fi, Mitte Juni–Mitte Aug. tgl. 11.30 Uhr, 49 €).

11

Strände, Jugendstil und Panoramablicke – **Kaivopuisto und Eira**

Entspannt durch den großzügigen Kaivopuisto-Park wandern, an der Merisatama-Bucht Segelschiffe beobachten und im Viertel Eira Jugendstilfassaden bewundern – auf der Halbinsel südlich des Kauppatori kommen vor allem Spaziergänger, Naturliebhaber und Architekturfans auf ihre Kosten, neuerdings aber auch Sauna-Enthusiasten.

Südlich des Kauppatori und der Alten Markthalle ragt eine sanft modellierte, überwiegend grüne Halbinsel in die Ostsee und trennt den Süd- vom Westhafen. Sie ist Ziel eines Rundgangs, der das Typische der finnischen Hauptstadt auf das Schönste unterstreicht: die enge Verzahnung von Natur und Kultur ebenso wie von Wasser und Land. Nur einen Block hinter der Alten Markthalle beginnt der sanfte Aufstieg zum Observatoriumsberg, und zwar auf Höhe der **Deutschen Kirche** 1 (Saksalainen kirkko). Das Gotteshaus der aktiven Deutschen Gemeinde Helsinkis ist u. a. ein popu-

In den knackigen Wintern Helsinkis relativiert sich so manches, im Kaivopuisto-Park zum Beispiel das Wort ›Grünanlage‹.

lärer Ort, um sich in der Hauptstadt das Ja-Wort zu geben. Rechts davon befindet sich mit dem **Denkmal für die Schiffbrüchigen der ›Habsburg‹** eines von drei Monumenten, die sich auf diesem Rundgang dem Untergang von Schiffen widmen.

Auf weite Sicht

Noch ein Stückchen höher geht es auf den **Observatoriumsberg** (Tähtitorninvuori) hinauf, der von einem wunderschönen Park, einem der ältesten der Stadt, umringt ist. Er bietet hohe Bäume, Denkmäler und Parkbänke, aber auch interessante Bauwerke wie das von C. L. Engel entworfene und 1833 fertiggestellte **Observatorium** 2 (Tähtitorni). Die hohe Lage ermöglicht eine herrliche Aussicht auf die Stadt, den Hafen und die vorgelagerten Inselchen und abends kann man hier die Manöver der Riesenfähren nach Tallinn und Stockholm beobachten. Am besten ist die Sicht von der Terrasse hinter dem zweiten **Denkmal für Schiffbrüchige.** Fantastisch ist auch der Blick auf die Halbinsel Katajanokka, die in der Abendsonne in einem einzigartigen Licht erstrahlt, und auf die **Olympiakais** 3. Die gelben Backsteingebäude wurden eigens für die Olympischen Sommerspiele 1952 errichtet.

Lazy afternoon

Vom Observatoriumsberg geht es zur Ullankatu hinab, auf der man die **Russische Botschaft** 4 (Venäjän Federaation Suurlähetystö Suomessa) passiert, ein mächtiges Granit- und Kalksteinhaus von 1952. Seine Errichtung war Teil der finnischen Reparationszahlungen an die UdSSR. Wenige Schritte weiter erhebt sich die **St. Henriks-Kirche** 5 (Pyhän Henrikin katedraali, 1860), eine der wenigen Kirchen der römisch-katholischen Christen, die mit ca. 9000 Mitgliedern in Finnland eine Minderheit darstellen. Ihr gegenüber findet sich ein von Eliel Saarinen 1916 entworfener Marmorpalast, einst die Privatresidenz eines Industriellen, heute Sitz des Arbeitsgerichtes. Zwischen beiden Gebäuden führt die Iso Puistotie, die große Allee, schnurgerade durch den **Kaivopuisto-Park** und dann wieder aufs Meer zu. Der größte und wohl auch schönste Park der Stadt ist aus einem großen Kurkomplex hervorgegangen, der hier im 19. Jh. für die russische High Society angelegt wurde. Uralte Baumbestände wechseln sich mit weitläufigen Rasenflächen

Ü ÜBRIGENS

In der Sommersaison lohnt das Mini-Inselhüpfen hinüber nach Sirpalesaari und Liuskasaari (ab dem **Wasserbus-Terminal**). Dort kann man herrlich spazierengehen, vielleicht auch baden – und einkehren: nämlich ins Restaurant **BoatHouse** (► S. 95).

Nicht nur für stille Genießer – im Sommer wandeln sich Helsinkis Parks zu Freiluftbühnen für Tänzer, Grill-Könige und Event-Besucher.

Cityplan: G–J 6/7 | Tram 1/1A, 3, 10

KULINARISCHES FÜR ZWISCHENDURCH

Kaivohuone ❶: Iso Puistotie 1, www.kaivohuone.fi, Mai–Aug. Mi, Fr/Sa 20–4 Uhr, Terrasse Mo–So ab 12 Uhr

Schöne Aussicht auf die Schären genießen Sie unter dem Sonnensegel des **Café Ursula** ❷ (Ehrenströmintie 3, T 09 65 28 17, www.ursula.fi, Mo–Sa 9–21, So 9–18 Uhr, Hauptspeisen 15–25 €). Hier, wo heute viele Spatzen und Enten auf Krümel vom köstlichen Kuchen hoffen, stand ursprünglich das Kurbad des Kaivopuisto.

ab, gewachsener Fels kontrastiert mit dem Blau der Ostsee, die man an vielen Stellen sieht. Einwohner und Besucher nutzen die Picknickstellen, die Spielplätze und Open-Air-Bühnen, die Restaurants und Sommerterrassen. Das Kurhaus wurde zwar im Zweiten Weltkrieg durch Bomben zerstört, aber Reste der alten Wellness-Institutionen, wie die alte Trinkhalle **Kaivohuone** ❶, finden sich noch allerorts. Heute herrscht hier im Sommer lebhafter Barbetrieb mit jugendlichem Publikum und häufigen Musikevents. Der wichtigste Orientierungspunkt im Park ist das **Observatorium Ursa** 6 (Ursan tähtitorni), das kleiner ist als die Sternwarte auf dem Observatoriumsberg. Da es aber die höchste Stelle des Geländes besetzt, kann es von überall gut gesehen werden.

Das Meer gibt und nimmt

Zum Meer hin setzt sich das schöne Bild in Parkanlagen mit Uferpromenaden und Bootsanlegern, und in der Bucht an der **Eiranranta** ❶, einem herrlichen Sandstrand, fort. Und immer wieder genießt man den Blick aufs Meer, die Schären und Suomenlinna (► S. 74). Nach einer kurzen Wegstrecke gelangt man zur **Marina** 7 an der Bucht **Merisatama.** Im Sommer ankern dort unzählige Privatboote, im

Winter werden sie im angrenzenden Grüngürtel aufgebockt und seefest gemacht.

Am Ende des Kais liegt der **Wasserbus-Terminal** 2 zur Insel Pihlajasaari und daneben erhebt sich das dritte **Monument für die Opfer des Meeres.** Zur Rechten, den Kai entlang, kann man an Sommertagen einen finnischen Familiensport, das Teppichwaschen, auf eigens dafür eingerichteten Waschbrücken beobachten.

Finnisch wird Literatur

Dahinter betritt man an der **Villa Ensi** 8 das **Viertel Eira,** das zwischen 1904 und 1914 entstand und als das Jugendstil-Eldorado Helsinkis gilt. Hier sollte man einfach umherschweifen und staunen! Wer genug gegangen ist, kann vom **Eira-Krankenhaus** 9 (Eiran Sairaala; Lars Sonck, 1905) mit der Tram Nr. 3 wieder ins Zentrum zurückkehren – vielleicht aber doch erst nach einem Abstecher zur **Agricola-Kirche** 10 (Mikael Agricolan kirkko) aus dem Jahr 1935. Benannt ist die Kirche nach dem finnischen Reformator Mikael Agricola (1509–57), einem Schüler Luthers. Er gilt als Vater der finnischen Literatur, da er das Neue Testament ins Südfinnische übersetzte und es damit zur Schriftsprache machte.

UM DIE ECKE

Design im heißen Dampf

Auf **Hernesaari** (Erbseninsel) an der südlichsten Spitze Helsinkis steht seit 2016 der Design-Saunakomplex **Hernesaaren Löyly** 3. Das komplett mit Holz verkleidete Gebäude ist vor allem architektonisch ein echter Hingucker. Doch hinter dem modernen Äußeren verbirgt sich urfinnische Tradition: Die drei Saunen, darunter eine Rauchsauna, werden noch mit Holz beheizt. Eine große Dachterrasse bietet phänomenale Aussicht über Stadt und Meer. Und das Beste: Nach dem Saunagang kann man direkt in die Ostsee springen (Hernesaarenranta 4, www.loylyhelsinki.fi, Sauna tgl. 13–22, Di ab 16 Uhr, Morgensauna Mi und Sa 7.30–9.30 Uhr, 19,90 € für 2 Std., Restaurant So–Mi 9–22, Do–Sa 9–2 Uhr). Gleich nebenan bietet der Party- und Sommerstrand **Hernesaaren Ranta** mit Bars, Restaurants und Sonnenliegen die ideale Mischung aus Spaß und Entspannung. Irgendwie surreal, über Sand und Palmen auf Helsinki zu blicken …

Ob im Jugendstil oder funktionalistisch – Eiras Fassaden können sich sehen lassen.

Ü ÜBRIGENS

Das **Villenviertel Eira** zeigt am besten, dass die Jugendstilepoche in Helsinki zu ganz anderen Ergebnissen führte als etwa in Wien, Riga oder Brüssel. In Formen, Motiven und Farben baute man eher zurückhaltend – wie die Finnen eben sind. Manche behaupten, dass an der kleinen, aufs Meer zulaufenden Straße **Huivilakatu** die schönsten Jugendstilhäuser stehen. Ob aber nun sie, die Kapteeninkatu oder die Laivurinkatu die stilreinste Bebauung aufweist und wo die feinen Unterschiede zwischen Jugend- und Nationalstil denn genau liegen, das mag jeder Architekturfan für sich entscheiden.

12

Ein Tempel im Felsen – **rund um Hietaniemi**

Ein Sandstrand, ein Friedhof, Museen und ein ganz normales Wohnviertel – Schlaglichter einer Wanderung durch einen Stadtteil, der von Natur bis Kultur alles in sich vereint. Das eher unbekannte Helsinkier Quartier Etu-Töölö, in dessen Herzen die berühmte Tempelkirche in den finnischen Granit gesprengt wurde, erstreckt sich von der Mannerheimintie bis zu der Halbinsel Hietaniemi.

Direkt hinter dem **Kamppi-Komplex** (► S. 40) steht eine auffällig gewölbte Halle, die **Tennispalatsi** 1 heißt – tatsächlich waren hier einmal vier Tennisplätze untergebracht. Nach Jahren des Verfalls konnte die Anlage renoviert und umfunktioniert werden. Das weiße Gebäude im lupenreinen funktionalistischen Stil war 1938 im Vorgriff auf die geplanten Olympischen Sommerspiele von 1940 eröffnet worden. Als diese dann 1952 nachgeholt wurden, war der ›Tennispalast‹ Schauplatz des Basketballturniers. Nun präsentiert hier das **Helsinki Art Museum** (HAM) in den

Nicht nur schön anzusehen: Die Kupferkuppel der Tempelkirche sorgt als Klangschale auch für optimale Akustik.

beiden oberen Stockwerken finnische und internationale Kunst der Jetztzeit, Installationen und Happenings. Unbedingt sehenswert ist die bei der Neueröffnung des Museums im Jahr 2015 eingerichtete erste permanente Ausstellung, die der finnlandschwedischen Schriftstellerin und Künstlerin Tove Jansson gewidmet wurde und die künstlerisch weit mehr als ihre berühmten Mumin-Comics zu bieten hat.

›Schienenverkehr‹ im Untergrund

Vom Hauptbahnhof bis zum Westhafen (Länsisatama, ► S. 66) durchschneidet ein 5 m tiefer Graben das Stadtbild – ein Relikt aus den Zeiten, als hier noch eine Bahnlinie zum Transport von Gütern an den Hafen entlangführte. Als 2008 der Schiffstransport in die Gegend Vuosaaris verlegt wurde, war der Transportweg auf einmal überflüssig und wurde 2012 in einen 1,5 km langen tiefer gelegten Korridor für Fußgänger und Radfahrer umfunktioniert, ›Baana‹, finnisch für Schiene, genannt.

Über die Baana führt eine Brücke; wenn Sie sie überqueren und sich rechts halten, gelangen Sie zum **Naturhistorischen Museum** 2 (Luonnontieteellinen Museo), einem sehr schönen Bau im Stil der Neorenaissance, vor dem ein Bronze-Elch die Besucher begrüßt. Im Inneren entführen umfangreiche und auch für Kinder interessante Ausstellungen den Besucher anschaulich auf eine Reise durch die finnische Natur oder durch die Evolution seit dem Urknall.

Helsinkis Architekturikone

Über die leicht ansteigende Fredrikinkatu geht es zur **Tempelkirche** 3 (Temppeliaukion kirkko), auch Felsenkirche genannt. Von außen ist die flache Kuppel kaum zu sehen, und auch der Eingang mit dem diskreten Charme einer Tiefgarage lässt nicht ahnen, welch fantastischen Raumeindruck das Innere bietet: Rauer Fels, eine von Betonrippen getragene Kupferdrahtkuppel und die schlichte Einrichtung liefern eine eindringliche Bühne für den sich ständig wandelnden Lichteinfall. Zu Recht gilt die moderne Kirche als eine der schönsten Skandinaviens. Sie ist das Ergebnis eines Architekturwettbewerbs, bei dem die Aufgabe zu bewältigen war, einen von hohen Mietshäusern gesäumten und mit einem

► KINO DREISPRACHIG

Unter dem Dach des HAM befindet sich das **Kino Tennispalatsi,** das größte Finnkino des Landes. In den 14 Sälen werden die aktuellen Blockbuster und cineastische Kostbarkeiten meist in Originalsprache gezeigt (Ausnahme: Kinderfilme). Untertitelt werden sie jedoch nicht nur in Finnisch, sondern auch in der zweiten Landessprache Schwedisch.

S
SPINNEN

Arachnophobiker aufgepasst! Das **Naturhistorische Museum** wird nicht nur von ausgestopften, sondern auch von quicklebendigen Tierchen bevölkert: 1963 wurde in seinen Kellerräumen erstmals die exotische Spinnenart Loxosceles laeta gesichtet. Vermutlich wurden die in Südamerika heimischen Giftspinnen versehentlich in den kalten Norden verschifft. Da die Spezies über einen längeren Zeitraum ohne Wasser und Nahrung auskommt, ist es schwer, sie wieder loszuwerden. Aber keine Angst: Die Tierchen leben zurückgezogen im Dunklen und es besteht keine Gefahr, durch einen Spinnenbiss zu Spiderman zu mutieren.

Cityplan: D–F 3–5 | **Tram** 2, 8, **Bus** 24 (zum Sibelius-Denkmal)

INFOS/ÖFFNUNGSZEITEN

Tennispalatsi 1

HAM Kunstmuseum: Eteläinen Rautatiekatu 8, T 09 31 08 70 03, www.hamhelsinki.fi, Di–So 11–19 Uhr, 10 €, unter 18 Jahren frei, für einige Ausstellungen Eintritt frei. Führungen auf Englisch alle zwei Wochen samstags um 14 Uhr, Preis im Ticket inbegriffen.

Kino Tennispalatsi: Salomonkatu 15, www.finnkino.fi/eng/cinemas/helsinki_tennispalatsi, 7,50–15,50 € (je nach Tag und Uhrzeit variierend)

Naturhistorisches Museum 2: Pohjoinen Rautatiekatu 13, www.luomus.fi, Di–So 9–16 Uhr, Juni–Aug. 10–17 Uhr, 13 €, Kinder bis 17 Jahre 6 €, unter 7 Jahren Eintritt frei

Tempelkirche 3: Lutherinkatu 3, T 09 23 40 63 20, wechselnde Öffnungszeiten, meist Mo–Fr 10–19.45, Sa/So 10–17.45 Uhr, Eintritt frei

KULINARISCHES FÜR ZWISCHENDURCH

Café Regatta 1: Merikannontie 8, tgl. 8–22 Uhr

Cafetoria Roastery 2: Runegerginkatu 31, T 010 423 55 70, www.cafetoria.fi, Mo–Fr 8.30–18, Sa 11–16 Uhr. Klein, aber mit großartiger und vielfältiger Kaffeeauswahl direkt an der Tempelkirche.

Am Strand Hieteranta

Granitbuckel besetzten Platz mit einem Gotteshaus zu schmücken. Erst im dritten Anlauf fand sich 1961 mit dem Konzept der Brüder Timo und Tuomo Suomalainen eine eigenwillige Lösung: Mit ihrem Plan strebten sie nicht in die Höhe, sondern in die Tiefe und sprengten eine Kirche in den Felsen! Am schönsten ist es in der Kirche in den frühen Morgenstunden, wenn die Sonne schräg durch die Fenster fällt und der Raum noch nicht von Touristen überflutet ist. Oder Sie genießen den fantastischen Klang während eines der regelmäßig stattfindenden Konzerte: Wegen ihrer besonderen Stimmung und guten Akustik zählt die Felsenkirche zu den beliebtesten Konzertsälen des Landes.

Ruhestätte neben Badestrand

Hietaniemi – die grüne Halbinsel, die im Westen der Stadt in die Bucht ragt, wird fast zur Gänze vom **Friedhof Hietaniemi** 4 besetzt, dem größten des Landes. Seit 1829 ist er letzte Ruhestätte für viele bedeutende Persönlichkeiten der finnischen Geschichte. Westlich der Kapelle befindet sich der Kriegsgräberfriedhof, ebenso die Grabstätten fast aller finnischen Präsidenten, so z. B. von Urho Kekkonen oder Paasikivi. Auch andere Berühmtheiten wie Tove Jansson ruhen hier. Interessant ist ein Vergleich der Gräber mit denen auf dem orthodoxen, jüdischen oder islamischen Teil des Friedhofs. Ein Spaziergang jenseits der Friedhofsmauern am Ufer entlang ist besonders idyllisch. Doch die Halbinsel Hietaniemi ist nicht nur den Toten vorbehalten, sondern auch ein höchst lebendiges Ausflugsziel. Folgt man dem Uferweg nach Norden, so gelangt man nach **Hietaranta** 1, dem bekanntesten Sandstrand Helsinkis. ›Hietsu‹ zieht im Sommer vor allem junge Leute an, zwischen Sonnenanbetern und Beach-Volleyballspielern findet man hier zur Hochsaison kaum noch ein freies Plätzchen. Der ideale Ort, um den Sprung ins kalte Ostseewasser zu wagen oder sich auf den nahe gelegenen Felsen von den Sonnenstrahlen wärmen zu lassen.

UM DIE ECKE

Eng, gemütlich und köstlich

Von Hietaniemi lohnt sich der Gang an der Küste entlang bis zum **Sibelius-Monument** 5, einem der absoluten ›Must-have-seens‹ in Helsinki (alternativ mit Bus 24). Unweit des Sibelius-Denkmals auf einer kleinen Landzunge steht ein winziges rotes Holzhäuschen. Das 115 Jahre alte **Café Regatta** 1 ist nicht nur mit Krimskrams aus vergangenen Zeiten vollgestopft, sondern meist auch so brechend voll, dass die Besucher ein wenig zusammenrücken müssen. Die ofenwarmen *korvapuustit* (Zimtschnecken) machen die Enge jedoch wieder mehr als wett. Im Sommer sitzen Sie wunderbar draußen mit Blick über die Bucht. Außerdem können Sie sich über einem Lagerfeuer Ihre Würstchen selbst grillen. Wer viel Ausdauer hat, wandert weiter nach Norden entlang der schönen Uferszenerie bis nach Seurasaari (► S. 70)

M
MUSIK

Heftige Kontroversen löste das abstrakte **Monument** zu Ehren des wohl berühmtesten Komponisten Finnlands, **Jean Sibelius,** nach seiner Enthüllung im Jahr 1967 aus. Der Künstler Eila Hiltunen versuchte sie zu entschärfen, indem er das Werk kurzerhand um eine konventionelle Büste des Musikers ergänzte. Die über 600 geschweißten und polierten Stahlröhren erinnern an Orgelpfeifen, doch Sibelius komponierte nie für die Orgel. Das Denkmal soll wohl eher an Baumstämme denken lassen und somit die nordische Natur als Inspirationsquelle für die Musik von Sibelius einfangen. Am besten kommen Sie in den Abendstunden,

wenn die Röhren das rötliche Sonnenlicht einfangen und die Fotografen und Touristengruppen verschwunden sind. Manchmal pfeift dann der Wind durch die Hohlräume – hören Sie die Musik?

13

Strukturwandel live – **am Länsisatama**

Am Hietalahdentori, dem Markt des Westhafens, spielt die finnische Hauptstadt mit großen und repräsentativen Bauwerken noch einmal Metropole. In Sichtweite dazu wird mit der Werft die ökonomische Grundlage des Reichtums deutlich. Doch der Strukturwandel hat längst Einzug gehalten: Aus der ehemaligen Kabelfabrik von Nokia ist das größte Kulturzentrum Finnlands, auf dem Boden alter Industriebrachen das neue Stadtviertel Ruoholahti entstanden.

Mit der Tram oder auch zu Fuß über den Bulevardi oder die Baana gelangen Sie schnell zum Westhafen (Länsisatama), sowohl eine Bezeichnung für den Hafen im engeren als auch für den gesamten Stadtteil im weiteren Sinne. Der Westhafen in seinem heutigen Erscheinungsbild entstand Anfang des 20. Jh., indem mehrere kleine Inseln durch Landaufschüttungen mit dem Festland verbunden wurden. Das Gebiet am Rand der Stadt rückt seitdem immer weiter ins Zentrum.

Strukturwandel geschafft: entspannter Blick auf ehemalige Werften in Länsisatama.

Wie aus Bier Kunst wird

Am westlichen Ende der Flanierstraße, kurz nachdem man das Alexander-Theater aus den 1870ern passiert hat, fällt zur Linken ein großer Industriekomplex aus rotem Backstein auf. Dabei handelt es sich um die ehemalige Brauerei Sinebrychoff, einst die älteste Brauerei nicht nur des Landes, sondern ganz Skandinaviens. Sie wurde 1819 vom gleichnamigen Braumeister aus St. Petersburg ins Leben gerufen. Die Familie Sinebrychoff sammelte in ihrer neuen Heimat von Anfang an auch Kunst, bis sie dem finnischen Staat 1921 die Kunstsammlung vermachten. Im selben Jahr wurde das **Kunstmusem Sinebrychoff** 1 (Sinebrychoffin taidemuseo) eröffnet, das seit 2013 neben dem Ateneum und dem Kiasma Teil der Finnischen Nationalgalerie ist. Neben der beachtlichen Sammlung alter europäischer Meister sowie russischer und karelischer Ikonen ist vor allem das Hausmuseum als Herz der Ausstellungen sehenswert. Das repräsentative Wohnhaus der Brauereifamilie wird vom **Sinebrychoff-Park** im Stil eines englischen Gartens umgeben.

Imbiss-Mania

Gleich um die Ecke breitet sich der Hietalahdentori aus, einer der größten Plätze der Stadt. Umringt wird er von respekteinflößenden hohen Gebäuden wie der ehemaligen **Technischen Hochschule** 2 (1877), die im Hollywoodstreifen »Gorky Park« als Regierungspalast von Moskau zu sehen ist. Der Platz selbst wird von der **Hietalahti-Markthalle** 1 dominiert, einem ausnehmend schönen Jugendstilgebäude. Besonders im Sommer lohnt sich ein Abstecher hierher, wenn sich vor der Halle die Schatzsucher auf dem Flohmarkt tummeln. Erschöpft von der Suche, kann man in der Markthalle von Suppe über Sushi bis zu Street Food alles für einen Imbiss finden.

Tor zum Osten

Über die Hietalahdenranta, vorbei am kleinen Hafenbecken und über die Uferpromenade südwärts gelangt man zum Länsiterminaali (West-Terminal), der seit der Verlegung des Containerverkehrs nach Vuosaari 2008 hauptsächlich touristischen Zwecken dient: Hier legen vor allem die Fähren zum pittoresken Tallinn ab, aber auch das eine oder andere Schiff nach Sankt Petersburg. Immer

T TALLINN

Mit weniger als 90 km liegt die estnische Haupt- und Hansestadt Tallinn quasi nur einen Steinwurf von Helsinki entfernt. Die Fähren Tallink Silja und Eckerö Line pendeln mehrmals täglich vom Länsiterminaali quer über den Finnischen Meerbusen, eine Fahrt dauert 2–3 Std. Ein Ausflug vom modernen Helsinki in die mauerumgürtete Altstadt Tallinns (UNESCO-Welterbe) gleicht einer Reise ins Mittelalter. Der aufmerksame Beobachter fragt sich jedoch, warum sich die Helsinkier auf dem Schiff gleich mit mehreren (leeren) Taschen und Trollis bewaffnet haben. Die Lösung: Die meisten nutzen den Ausflug nach Tallinn dafür, um sich mit dem dort so günstigen Alkohol einzudecken.

High-Tech-Center

Cityplan: D–F 6/7 | **Metro** Ruoholahti **Tram** 6/6T, 8, 9, **Bus** 15

INFOS/ÖFFNUNGSZEITEN

Kunstmusem Sinebrychoff 1: Bulevardi 40, T 0294 50 04 60, www.sinebrychoffintaidemuseo.fi, Di–Fr 11–18, Mi bis 20, Sa/So 10–17 Uhr, 12 €, unter 18 Jahren frei. Dauerausstellung im 2. OG frei

Alte Nokia-Kabelfabrik 5: Tallberginkatu 1G, T 09 47 63 83 00, www.kaapelitehdas.fi, tgl. Shop/Info: Mitte Juni/Aug. Mo–Fr 8.30–19, Sa 12–16, im Winter Mo–Fr 9–18, Sa 13–17 Uhr. Am Info-Shop (Eingang C1) Infos zum aktuellen Programm, Öffnungszeiten. Zu den einzelnen Kunstgalerien über die Eingänge B, C, D, E, Eingang G führt zu den drei Museen:

Finnisches Museum für Fotografie: Kabelfabrik, T 09 686 63 60, www.valokuvataiteenmuseo.fi, Di–So 11–18, Mi bis 20 Uhr, 8 €, unter 18 Jahren frei

Theater-Museum: Kabelfabrik, T 040 192 23 00, www.teatterimuseo.fi, Di–So 11–18, Mi bis 20 Uhr, Juli geschl., 8 €

Hotel- und Restaurant-Museum: in der Kabelfabrik, T 044 747 41 10, www.hotellijaravintolamuseo.fi, Di–So 11–18 Uhr, 7 €, Kinder 4 €

KULINARISCHES FÜR ZWISCHENDURCH

Das Restaurant-Café **Ravintola Hima & Sali 1**, in der Kabelfabrik zu erreichen durch den Eingang C, ist mit seiner fast 10 m hohen Halle ein echter Hingucker. Die Küche bietet u. a. leichte vegetarische Gerichte und Suppen zu fairen Preisen (Tallberginkatu 1 C, T 09 694 17 01, www.himasali.com, Mo–Fr 8.30–21, Sa/So 12–19 Uhr, Lunch 7,50–10 €).

Bitte Platz nehmen zum Probesitzen.

wieder schweift der Blick nach Süden zum großen Komplex der **Arctech-Helsinki-Werft 3**, die seit 2014 der United Shipbuilding Corporation (USC), dem größten Schiffsbauunternehmen Russlands, gehört, aber über Jahrzehnte hinweg als Wärtsilä-Werft weltbekannt war. Heute hat man sich hier auf den Bau von Eisbrechern spezialisiert.

Musterknabe der Umgestaltung

Auch entlang der anderen Kais am Westhafen sah man früher Werften, Magazine und Kräne, später hauptsächlich Industriebrachen. Ab den 1990ern wurde das Hafengelände saniert. Der entstandene Stadtteil Ruoholahti (Grasbucht) ist allerdings nicht ganz so grün, wie der Name es vermuten ließe. Alte Industrieareale, der Hafen, neue Architektur und Wasser gehen eine attraktive Verbindung ein. Heute leben hier Sozialhilfeempfänger ebenso wie Beamte, es gibt innovative Kreativfirmen genauso wie Fabriken und Hafenterminals. Um die alte Nokia-Kabelfabrik breitet sich ein Business-Distrikt aus, in dem sich viele Hightechfirmen niedergelassen haben. Seit der Umwandlung des Alko-Gebäudes nahe der Metrostation in das Einkaufszentrum Ruoholahti Kauppakeskus (2003) kann man nun auch ausgelassen shoppen.

Architekturfans sollten sich das **High-Tech-Center** 4 (HTC) an der Tammasaarenkatu nicht entgehen lassen, dessen fünf markante, am Wasser aufgereihte und 2001 fertiggestellte Bürogebäude nach den Schiffen berühmter Entdecker benannt sind, etwa der Santa Maria von Kolumbus oder der Kon-Tiki von Heyerdal. In dem ersten Komplex dieser Art in Finnland arbeiten rund 1500 Menschen in 30 unterschiedlichen Firmenbüros an internationalen Technikprojekten. Die Untergeschosse dreier Gebäude sind miteinander verbunden und bilden ein gemeinsames Auditorium.

Kabel adé

Ein ganz besonderes Highlight in Ruoholahti ist die **Alte Nokia-Kabelfabrik** 5 (Kaapelitehdas). Bis 1980 wurden in dem ehemaligen Industriekomplex Kabel für die Firma Nokia hergestellt, 1991 wurde er in das größte Kulturzentrum des Landes umgewandelt – genug Programm für einen verregneten Tag!

In der Kabelfabrik gibt es Kunstschulen, zwölf Galerien und drei interessante Museen: Das **Finnische Museum für Fotografie** (Suomen valokuvataiteen museo) inspiriert mit wechselnden Ausstellungen, das **Theater-Museum** (Teatterimuseo) lässt den Besucher in einer Kreuzung zwischen Informations- und Aktivitätszentrum in die Welt hinter der Bühne eintauchen und im **Hotel- und Restaurant-Museum** (Hotelli- ja ravintolamuseo) erfährt man mehr über die spannende Geschichte des Alkohols in Finnland. Neben diesen Attraktionen ziehen Tanztheater die Besucher an, es gibt Restaurants und Imbisse, Events und viele multikulturelle Veranstaltungen. Junge Musiker und Künstler können Hobby-, Atelier- und Studioräume mieten.

W
WANDEL

Die **Erbseninsel** (Hernesaari) an der südlichsten Spitze Helsinkis ist treibende Kraft in dem sonst so grauen Viertel: Bislang brachte allein der Kreuzfahrtterminal etwas Glanz in das ehemalige Industriegebiet. Seit Neuestem entwickelt sich die Halbinsel aber rasend schnell zu einem maritimen Wohn- und Erholungsgebiet für Helsinkier. Erst 2015 und 2016 wurden hier der Party- und Erholungsstrand Hernesaaren Ranta sowie der Saunakomplex Hernesaaren Löyly eröffnet (► S. 61).

► INFO

Erschöpft von einem langen Tag, können Sie von der Kabelfabrik bequem mit der Tramlinie 8 (Station Länsisatamankatu) oder mit der Metro (Station Ruoholahti) ins Zentrum zurückfahren.

14

Finnlands konservierte Seele – **Seurasaari**

Wo in Helsinki sind sie denn, die typischen Holzgebäude, Fischerkaten und Saunahäuschen, die ›Finnlands Seele‹ ausmachen? Doch! Auch das hat Suomis Hauptstadt zu bieten! Nämlich jenseits der Brücke nach Seurasaari, wo mit Freilichtmuseum, Folkloreveranstaltungen, Strandbad und Schärenromantik ein Kontrapunkt zum Modernismus gesetzt wird.

Mit dem Freilichtmuseum im Rücken erfährt man erst beim Wandern, Baden oder Picknicken so richtig den Freizeitwert Seurasaaris.

Eine schmale, gut 200 m lange **Holzbrücke** 1 trennt die Insel Seurasaari vom hektischen Treiben der Stadt. Mit dem Verlassen des Festlandes über das glitzernde Wasser taucht der Besucher in eine andere, vergangene Welt ein. Vor dem Bau der Brücke, die 1892 (ebenso wie die beiden charakteristischen Pavillons) aus Baumstämmen errichtet wurde, diente die Insel als Weideland. Seit den 1880er-Jahren wurde sie zunehmend zu einem beliebten Ziel für Picknick-Ausflüge ins Grüne, das jedoch zunächst nur mit dem Boot zu erreichen war. Schon vorher gab es hier ein Restaurant, Tanzpavillons, Bootsbrücken und angelegte Spazierwege, doch erst mit

dem Brückenbau wurde die Fohleninsel (schwedisch: Fölisön) vollends zur Gesellschafts-Insel mit dem finnischen Namen *seura-saari.*

Die Insel begrüßt den Besucher mit dunkelgrünen Baumkronen, bemoostem Boden und glattgeschliffenen Granitklippen am Meeresufer, die zum Ausruhen und Träumen einladen. Ein urtümliches Paradies – verstärkt wird dieser Eindruck durch die allgegenwärtige Tierwelt, die die Insel mit zwitschernden Vögeln und fast zahmen Eichhörnchen (die man nicht füttern sollte) bevölkert. Kein Wunder also, dass sie noch heute ein so ein beliebtes Naherholungsgebiet der Helsinkier ist.

Hart war das Leben

Gleich hinter der Brücke stoßen Sie auf ein **Tickethäuschen** 2 – der Zugang zur Insel an sich ist zwar jederzeit und kostenfrei möglich, aber hier lösen Sie die Eintrittskarten für den Besuch der Gebäude auf dem 15 ha großen Gelände des Freilichtmuseums (Seurasaaren ulkomuseo).

Das größte Freilichtmuseum des Landes umfasst heute 87 historische Gebäude des 18. bis 20. Jh. aus verschiedenen Provinzen Finnlands. Es wurde 1909 von Professor Axel Olai Heikel nach dem Vorbild des Stockholmer Skansen aufgebaut, seine Existenz verdankt es vor allem dem Maler Akseli Gallen-Kallela, der damals vom Abriss bedrohte Bauwerke nach Seurasaari rettete. Manche der Villen haben noch einen urbanen Hintergrund, bei anderen Gebäuden machen Sie Bekanntschaft mit dem ländlichen Finnland: Hier und da setzt beispielsweise eine Windmühle oder ein altes Telefonhäuschen Akzente. Nicht nur das Innere der einzelnen Gebäude kann erkundet werden, die in Volkstrachten gekleideten Guides machen den Besucher außerdem mit den alten Handwerkstechniken und dem damaligen Lebensstil bekannt. Besonders gute Einblicke verschaffen der **Kleinpachthof Niemelä** 3 aus dem mittelfinnischen Konginkangas, das erste Gebäude, das nach Seurasaari zog, und der **Hof Antti** 4 aus dem westfinnischen Säkylä, richtige kleine Mini-Dörfer, die jeweils mit Saunen, Bootshäusern sowie allen anderen Neben- und Wirtschaftsgebäuden erhalten sind. Zu den größten Sehenswürdigkeiten zählt die turmlose **Holzkirche** 5 von Karuna (Karunan vanha kirkko).

Die Holzbrücke nach Seurasaari ist nicht nur der einzige Zugang zur Insel, sie ist auch das Tor zu einer anderen Welt.

B
BADEN

Dank der **Sandstrände** 1 am nordwestlichen Ufer ist die Insel Seurasaari auch bei Badefreunden beliebt – sogar im Winter! 1906 wurde am Westufer ein **FKK-Strand** 2 (Nudistiranta) eingerichtet, wie in Finnland üblich hübsch getrennt in einen weiblichen und einen männlichen Abschnitt. Wer kein Fan der finnischen Freizügigkeit ist, kann auch mittwochs oder sonntags herkommen, wenn Gemeinschaftsbaden für Männer und Frauen angesagt ist, dann allerdings mit Badebekleidung. Das nahegelegene Felsenufer ist der ideale Ort, um einfach mal die Sonne zu genießen.

Sie wurde 1685–86 als Privatkapelle des Barons Arvid Horn errichtet und später mit Ölgemälden, Kanzel und Orgelprospekt geschmückt; der freistehende Glockenturm kam 1767 hinzu. Hinter der idyllischen Fassade des Freilichtmuseums wird jedoch klar: Das auf Seurasaari konservierte Leben im ›alten‹ Finnland war hart!

INFOS/ÖFFNUNGSZEITEN

Freilichtmuseum Seurasaari: T 0295 33 69 12, www.kansallismuseo.fi/seurasaari-openairmuseum, Mitte Mai–Mitte Sept. Mo–Fr 9–15, Sa/So 11–15, Juni/Aug. tgl. 11–17 Uhr, 6–9 €, Kinder bis 17 Jahre 3 €, unter 7 Jahren frei (Mittsommerabend geschl.). Museumsführungen Juni/Aug. auf Deutsch um 12 Uhr ab 25 €. Weitere Infos unter www.seurasaarisaatio.fi

Pukkisaari 7: Besichtigungen an jedem letzten Wochenende des Monats, Führungen auf Nachfrage unter T 040 823 80 26, www.sommelo.fi

Villa Tamminiemi 8: Seurasaarentie 15, T 02 95 33 69 22, www.kansallismuseo.fi/tamminiemi, Mi–So 11–17 Uhr, 9 €, bis 17 Jahre 3 €, Kombiticket Seurasaari und Tamminiemi 10 €, Kinder bis 17 Jahre 4 €

FKK-Strand 2: T 09 31 07 14 93, Juni–Mitte Aug. tgl. 10–18 Uhr, 3,50 €, Kinder 1,50 € (mit Umkleidekabinen, WCs und Duschen)

KULINARISCHES FÜR ZWISCHENDURCH

Erfrischungen und Snacks für Zwischendurch bieten drei Kioske, für eine längere Pause empfiehlt sich das pittoreske **Café Mieritz** 1 nahe der Brücke (T 040 649 30 40, ab Mitte Mai Mo–Fr 10–15, Sa/So 12–17, Juni–Ende Juli Mo–So 12–17 Uhr). 1890 gebaut, offeriert das Café nicht nur guten Kaffee und Kuchen, sondern auch historisches Ambiente, außerdem Informationen und Souvenirs. Im Zentrum der Insel lockt das Restaurant **Seurasaari** 2 mit finnischer Küche in einem malerischen Gebäude, 1952 für die Olympischen Spiele gebaut (T 050 599 41 83, im Sommer tgl. 11–20, sonst 9–16 Uhr, 21–35 €).

GRILLEN & CHILLEN

Der **Grill auf dem Festivalgelände** 3 ist jedem jederzeit frei zugänglich. Vor allem an Sommerabenden ist das die perfekte Art, um den Tag entspannt ausklingen zu lassen. Auf dem eigenen Grill oder auf offenem Feuer ist Grillen allerdings verboten!

Cityplan: B–D 1–4 | **Bus** Nr. 24, ca. 20 Min. ab Stadtzentrum. Ausdauernde Wanderer können die Insel auch zu Fuß erreichen (Spaziergang von Hietaniemi aus)

Die Welt aus einem Ei

Ein besonderer Blickfang ist die **Kalevalakehto** 6, ein moderneres, bootsförmiges Häuschen an der Spitze der Insel, das 2010 von Architekturstudenten aus Finnland und den USA errichtet wurde. Die Struktur des Gebildes, eine Kombination aus Holz, Stahl und Glas, soll an das finnische Nationalepos Kalevala erinnern, die Entstehung der Welt aus einem Ei, den Bootsbau des Helden Väinämöinen sowie das metallene, magische Artefakt Sampo. Die Lage am Wasser und die Verbindung von Alt und Neu verströmen eine meditative Ruhe. Sie sollten sich beeilen: Die temporäre Installation bleibt leider nur bis Ende August 2018 erhalten.

UM DIE ECKE

Auf dem benachbarten Inselchen **Pukkisaari** 7 (Bock-Insel) wurde 1998 ein Marktdorf aus der jüngeren Eisenzeit rekonstruiert. Jeweils am ersten Septemberwochenende wird der Marktplatz zum Leben erweckt: Wenn eisenzeitliches Handwerk und Essen angeboten und eisenzeitliche Kämpfe ausgetragen werden, fühlt man sich in die Zeit vor tausend Jahren zurückversetzt.

Auf der Festlandseite von Seurasaari ist die große rosafarbene **Villa Tamminiemi** 8 zu sehen, wo während der Regierungszeit von Präsident Urho Kekkonen (1956–81) Politik gemacht wurde. Der unvergessene ›große alte Mann‹ gilt als eine der auffälligsten Gestalten der internationalen Politik während des Kalten Krieges und er lebte hier bis zu seinem Tod 1986. Das Museum zeigt die Original-Einrichtung, Geschenke, die er als Präsident erhalten hat, und die Sauna, in der Leonid Breschnew, Willy Brandt und andere Staatsgäste mit Kekkonen schwitzten. Zur anderen, östlichen Seite kann man auf fast immer wassernahen Wegen zurück zum Stadtzentrum wandern – vorbei an einigen sehenswerten Holzvillen und an **Mäntyniemi** 9, dem Amtssitz des Staatspräsidenten. Dieser herrliche Gebäudekomplex aus viel Holz und Glas prangt seit 1993 an der Bucht Humvallahti – seine Rolle als Schaltstelle der Macht in Finnland erbte er vom Präsidentenpalais am Marktplatz (► S. 25).

J JUHANNUS

Jedes Jahr zu Juhannus, am Freitag zwischen dem 20. und dem 26. Juni, strömen alle Helsinkier nach Seurasaari. Dann ist nämlich der Vorabend zum finnischen Mittsommer. Ursprünglich ein heidnisches Fest zu Ehren des Donnergottes Ukko, verlegte man das Datum später auf den Geburtstag Johannes des Täufers, daher der finnische Name Juhannus. Das Fest der Sommersonnenwende markiert das Ende

des Frühlings und den Beginn des Sommers. Seit 1954 ist Seurasaari das Zentrum der Feierlichkeiten, bei denen die alten Traditionen wachgehalten werden: Neben Tanz, Musik und Theateraufführungen ist das Anzünden des Mittsommerfeuers (*juhannuskokko*) der Höhepunkt des Festes. Der längsten Nacht des Jahres wurden früher magische Kräfte nachgesagt: Wenn Sie sich Blumen unter das Kopfkissen legen, träumen Sie vielleicht von Ihrem Zukünftigen …

15

Wellenumkämpfte Festungsinsel – **Suomenlinna**

Als Verteidigungsstützpunkt wurde Suomenlinna von drei historischen Epochen geformt: Schweden, Russen und Finnen nutzten den Mini-Archipel als militärisches Bollwerk. Die grüne Festungsanlage ist darüber hinaus ein malerischer Ort, um einfach mal die Seele baumeln zu lassen.

Die mächtigen Granitquader an der Königspforte erzählen von der Zeit, als der Archipel Schwedens kriegerischer Vorposten war und Sveaborg hieß.

Wer dem Getümmel der Stadt entkommen und ein bisschen historische Luft schnuppern möchte, ist hier genau richtig. Die Festungsinseln bilden ein populäres Naherholungsgebiet der Hauptstädter. Allein schon die Überfahrt mit Blick auf Großfähren, vorgelagerte Inselchen und die Silhouette Helsinkis lohnt den Ausflug. Mit ins Gepäck nehmen Sie: feste Schuhe und warme Klei-

dung, da es größtenteils übers Kopfsteinpflaster geht und oft ein eisiger Wind weht, sowie evtl. eine Taschenlampe (oder Handy).

Eine feste Burg

Um die Ostflanke ihres Reiches gegen die Russen zu schützen, bauten bereits die Schweden den Mini-Archipel vor den Toren Helsinkis ab 1748 in ein militärisches Bollwerk um. 1809 eroberten die Truppen des russischen Zaren die Inseln, die nun zu einer Garnisonsstadt ausgebaut wurden. Ihre dritte Epoche begann 1917 mit der finnischen Unabhängigkeit, seither heißt die Insel Suomenlinna (Finnenburg). Zwar verließ die letzte Garnison 1978 die Insel, doch sind die Spuren der martialischen Vergangenheit noch überall zu besichtigen. Seit 1991 zählt die Festung zum UNESCO-Weltkulturerbe.

Ob mit Fähre, Wasserbus oder Ausflugsboot – die kurze Passage nach Suomenlinna ist ein Erlebnis für sich.

Abgase raus!

Heutzutage beherbergen die restaurierten Festungsanlagen und Garnisonsgebäude Wohnungen, Werkstätten, sowie Gaststätten und natürlich Museen, aus der Festung ist ein eigener Stadtteil geworden. Rund 800 Menschen leben hier ständig, Verbrennungsmotoren aber sind verpönt: Fußgänger und Fahrräder bestimmen das Straßenbild. Suomenlinna wirkt wie ein einziges grünes Museum.

Auf Wanderschaft

Die HSL-Fähre ankert an dem Ufer, das schon in russischer Zeit als Haupthafen diente. Daran erinnert noch das rosafarbene Kasernengebäude, in dem heute u. a. ein Tonstudio, ein Kiosk, die Mikrobrauerei Panimo (Suomenlinnan Panimosta) sowie das **Besucherzentrum** 1 untergebracht sind. Dort erhält man eine Broschüre zu den Museen, Cafés und Wanderwegen. Die blaue Route durchquert auf 1,5 km die beiden größten Inseln von Nord nach Süd und vermittelt einen guten Eindruck von Suomenlinna.

Wenn Sie dem Wanderweg folgen, sehen Sie schon bald die 1854 erbaute **Suomenlinna-Kirche** 2 (Suomenlinnan kirkko). Ursprünglich eine russisch-orthodoxe Garnisonskirche, wurde sie in den 1920ern in ein schlichtes lutherisches Bethaus umgebaut. Einzigartig macht sie jedoch,

N
NOCH WAS

An schönen Sommertagen sollten Sie die Chance zu einem **Picknick** auf Suomenlinna nutzen. Einen kleinen Snack können Sie sich bereits vor der Abfahrt am Marktplatz oder aber im Lebensmittelgeschäft nahe dem Hauptpier der Insel besorgen.

▶ FÜHRUNGEN

Führungen (inkl. Ehrensvärd-Museum) bietet die Ehrensvärd-Gesellschaft: auf Deutsch Mitte Juli bis Mitte Aug. Di–Sa 13 Uhr, auf Engl. Juni–Aug. tgl. 11, 12.30, 14.30 Uhr, ca. 1 Std., 11 €, Kinder 4 €. Tickets gibt's am Suomenlinna-Museum.

dass sie gleichzeitig auch als Leuchtturm für Schiffs- und Flugverkehr dient.

Der moderne Komplex des **Suomenlinna-Museums** 3 (Suomenlinna-museo) bereitet auf zwei Etagen die Geschichte der Festung multimedial auf. Sehenswert ist der 25-minütige Kurzfilm zur Geschichte der Festung (auch auf Deutsch). Gleich hinter dem Museum führt eine lange Brücke von der Iso Mustasaari zur Nachbarinsel Susisaari, die einen mit mächtigen Docks und Bastionen begrüßt.

Das **Ehrensvärd-Museum** 4 (Ehrensvärd-museo) führt den Besucher zurück in die schwedische Epoche, als der Festungsgründer Augustin Ehrensvärd hier residierte. Der große Hof wurde als Hauptplatz

FÄHRE UND WASSERBUS

HSL-Fähre: ganzjährig 1–4 x pro Std. ab Marktplatz; www.hsl.fi/en, 12-Std.-Ticket: 5 €, bis 16 Jahre 2,50 €, unter 7 Jahren frei. Hier gelten auch Fahrkarten der Helsinkier Verkehrsbetriebe (HSL).
Wasserbus JT-Line: nur von Mai bis Mitte September stündlich bzw. zu jeder halben Stunde ab Marktplatz; www.jt-line.fi, Hin- und Rückfahrt 7 €, bis 16 Jahre 3,50 €, unter 7 Jahren frei (Ticket gilt auch für die Inseln Lonna und Vallisaari, ▶ S. 84)

INFOS/ÖFFNUNGSZEITEN

Besucherzentrum 1: T 0295 33 84 10, www.suomenlinna.fi, Mai–Sept. tgl. 10–18, sonst 10–16 Uhr. Auf der Website können Themenrouten kostenlos heruntergeladen werden.
Suomenlinna-Museum 3: Mai–Sept. tgl. 10–18, im Winter 10.30–16.30 Uhr, 7 €, bis 17 Jahre 4 €, unter 7 Jahren frei
Weitere Museen: in der Regel Mai–Sept. tgl. 11–17 Uhr, Preise um 6 €, Zollmuseum frei

KULINARISCHES FÜR ZWISCHENDURCH

Zwischen den Mauern des Kustaanmiekka-Forts versteckt sich das **Restaurant Walhalla** ❶, unterteilt in ein Gourmet- und ein Pizza- und Terrassenrestaurant, die kulinarische Top-Adresse (T 09 66 85 52, www.restaurantwalhalla.com, Gourmet Mo–Sa 17–24 Uhr, Pizzeria Mo–Sa 12–20, So 12–18 Uhr, nur im Sommer geöffnet, Hauptgerichte 13–33 €).
Im Pipers Park überzeugt das **Café Piper** ❷ (im Sommer tgl. 10–19 Uhr) bereits seit 1928 mit wundervoller Aussicht.

Cityplan: Karte 3 | **Boot** vom/zum Kauppatori und von/nach Katajanokka der Festung angelegt, heute befindet sich hier das monumentale Grabmal Ehrensvärds. Auf der anderen Seite sieht man eines der ältesten noch betriebenen Trockendocks der Welt aus den 1760ern, in dem heute alte Holzschiffe restauriert werden.

Magisch!

Gleich hinter dem **Pipers Park** 5 (Piperin puisto) geht die Insel Susisaari in die Insel Kustaanmiekka über. Sie ist der idyllischste Teil des Archipels. Die leicht hügelige Landschaft erinnert ein wenig an das Auenland der Hobbits, die zahlreichen Kanonen, ein bekanntes Symbol Suomenlinnas, stammen noch aus der russischen Ära. Bei warmem Wetter verschafft der Strand auf der rechten Seite Abkühlung, bei schlechterem Wetter bietet die Picknickhütte Unterkunft. Sollte das Wetter es zulassen, können Sie sich auf den sonnengewärmten Felsen mit Blick auf das Meer zum Picknick niederlassen.

Wer das Abenteuer sucht, erforscht (mit Taschenlampe) die Tunnel, die die bis zu 5 m dicken Mauern der Festung durchziehen. Die Eingänge sind auf der Karte gekennzeichnet. Hier lässt sich hautnah erleben, wie es sich angefühlt haben muss, in den dunklen, feuchten Gewölben auf Patrouille zu gehen.

Am Ende des Weges steht das Fort **Kustaanmiekka** 6 (Gustavssvärd), benannt nach dem schwedischen König Gustav III. Wenige Schritte dahinter endet die blaue Route an der monumentalen **Königspforte** 7 (Kuninkaanportti), die in schwedischer Zeit das Haupttor der Festung darstellte und mit Zugbrücken, Pier und Kanonen bestückt war. Wer sich den Weg zurück sparen möchte, nimmt vom Anleger aus den Wasserbus zurück nach Helsinki.

UM DIE ECKE

Vom Pipers Park ist ein Abstecher zurück zum Ostufer empfehlenswert, vorbei an drei **Bastionen** 8 mit einer Glasbläserei, einer Teestube und dem Sommertheater. Der Pfad endet am aufgebockten **U-Boot Vesikko** 9, dem einzigen in Finnland erhaltenen U-Boot aus dem Zweiten Weltkrieg. Auch wenn es drinnen recht eng ist, lohnt es sich, in das Leben an Bord einzutauchen (Eintritt 5 €).

Romantik statt Kanonen – heute besucht man die Festung auch wegen des herrlichen Blicks auf die Stadt.

F
FANTASY

Eine Festung, Kanonen, das brausende Meer – perfekter Stoff für eine Fantasy-Geschichte? Das fand auch der »Game of Thrones«-Erfolgsautor George R. R. Martin. Die Niederlage der angeblich uneinnehmbaren Festung gegen die unterlegenen Streitkräfte der Russen 1809 gibt Historikern noch heute Rätsel auf und inspirierte Martin zu der Kurzgeschichte »Die Festung«, die in der Sammlung »Traumlieder« veröffentlicht wurde.
Er war übrigens nicht der Erste – schon 1848 widmete J. L. Runeberg in seiner Gedichtsammlung »Fähnrich Stahl« der Festung Sveaborg ein gleichnamiges Gedicht, und beschrieb sie dort als »Königin der See«, die mit Augen aus Granit über das Meer blickt …

EINTRITTSKARTEN *in eine andere Welt …*

Neben dem Kiasma (► S. 37) gibt es in Helsinki reichlich andere Museen, hier einige meiner persönlichen Favoriten:

UND JETZT ENTSCHEIDEN SIE!

Helsinki Bites (Helsingin valitut palat/ Helsingin kaupunginmuseo)
Mo–Fr 11–19, Sa/So 11–17 Uhr, freier Eintritt
JA NEIN

Modelle, Original-Möblierung, Fotos und Dokumente erzählen die Stadtgeschichte sehr ansprechend. Als zusätzliches Plus gibt es Ruheoasen in den Innenhöfen des Museums.
Karte 2, H 5, www.helsinginkaupunginmuseo.fi/en/exhibitions/helsinki-bites

Straßenbahnmuseum (Ratikkamuseo)
Tgl. 11–17 Uhr
freier Eintritt
JA NEIN

Im nostalgischen Tramdepot von 1900 werden originale Straßenbahnen und Objekte präsentiert. Hier kann man auf einem Tram-Fahrersitz Platz nehmen und sich mit Filmclips in die gute alte Zeit zurückträumen.
E 2/3, www.ratikkamuseo.fi

Zeitungsmuseum (Päivälehden museo)
Mo–So 11–17 Uhr
freier Eintritt
JA NEIN

In den ehemaligen Redaktionsräumen der Zeitung »Helsingin Sanomat« erfährt man viel über das Zeitungsmachen von gestern und heute, neue Medien und die Zukunft des Pressewesens und die Pressefreiheit.
Karte 2, G 5, www.paivalehdenmuseo.fi

Heureka
Mo–Mi, Fr 10–17, Do 10–20, Sa/So 10–18 Uhr
22 €, 6–15 Jahre 15 €, unter 6 Jahren frei
JA NEIN

Ein Museum zum Anfassen in einem futuristischen Bau in Vantaa. 100 technische Experimente aller Art für große und kleine Besucher. Also Zeit einplanen, z. B. auf dem Weg zum nahen Flughafen.
Karte 5, www.heureka.fi

Gallen-Kallela-Museum (Gallen-Kallelan Museo)
Mitte Mai–Aug. tgl. 11–18, sonst Di–Sa 11–16, So 11–17 Uhr, 8 €, unter 18 J. frei

JA NEIN

Die Jugendstilvilla, schön an einer Bucht im Vorort Tarvaspää gelegen, war Wohn- und Atelierhaus des berühmtesten finnischen Künstlers der Nationalromantik. Ein Muss, wenn man sich für Jugendstil interessiert.
außerh. B 1, www.gallen-kallela.fi

Zivilschutzmuseum (Väestönsuojelu-museo)
Sa 10–14 Uhr und nach Vereinbarung
freier Eintritt

JA NEIN

Schon die Metalltür zum Bunker ist gruselig. In der Luftschutzanlage aus dem Zweiten Weltkrieg werden vor allem die Kriegsjahre in Helsinki reflektiert, aber auch der Zivilschutz in Zeiten des Kalten Krieges.
H 4, www.hvssy.fi

Mannerheim-Museum (Mannerheim-museo)
Fr–So 11–16 Uhr
10 €, unter 12 Jahren frei

JA NEIN

Wer war der große alte Mann, der Finnlands Geschichte so lange geprägt hat? Das erfährt man in seiner Holzvilla, nicht ganz frei von nationalistischen Untertönen, drumherum der wunderschöne Kaivopuisto-Park.
H 6, www.mannerheimmuseo.fi

Geldmuseum (Rahamuseo)
Di–Fr 11–17,
Sa/So 11–16 Uhr
freier Eintritt

JA NEIN

Ausstellung zur Geschichte des Geldes – untergebracht in einem Annex neben der Bank von Finnland und multimedial in Szene gesetzt. Wer sich für Finanzpolitik interessiert, ist hier richtig.
Karte 2, H 5, www.rahamuseo.fi

Arabia Museum (Arabia-Museo)
Okt.–April Mi–Fr 12–18, Sa/So 10–16 Uhr, im Sommer tgl. 11–18 Uhr
10 €

JA NEIN

Die eigenständige Abteilung des Designmuseums zeichnet die 130jährige Geschichte der Porzellanmanufaktur Arabia nach. Viele Beispiele der Gebrauchs- und Kunstkeramik, außerdem ein Werksverkauf.
außerh. H 1, www.designmuseum.fi

Nicht nur für Regentage – Helsinkis Museen

Gut 80 Museen gibt es in Helsinki, für eine Stadt dieser Größe eine beachtliche Zahl. Doch selbst der größte Lokalpatriot muss zugeben, dass man der musealen Übermacht von St. Petersburg im Osten und Stockholm im Westen weder quantitativ noch qualitativ gewachsen ist. Gerade darin aber liegt der Charme der hiesigen Museumslandschaft: Man kann und will nicht mit den internationalen Schwergewichten konkurrieren und stattdessen zeigen, was man selbst hat. Deshalb unser Tipp: Konzentrieren Sie sich bei der Auswahl der Museen auf diejenigen, die etwas präsentieren, was Sie woanders nicht zu sehen bekommen. Finnische Malerei des 19. Jh. etwa, Exponate der russisch-finnischen Kulturgeschichte oder sympathische Nischen-Ausstellungen wie die zu den Helsinkier Trams. Und, klar, moderne Kunst, Architektur und Design – die Domäne des hiesigen Kulturlebens. Wer sich darauf einlässt, stellt schnell fest, dass die Helsinkier Museen mehr sind als Verlegenheitslösungen für Regentage.

INFORMATIONEN

Internet
www.visithelsinki.fi/de/sehen-und-erleben/sehenswurdigkeiten/museen-in-helsinki

Preise und Ermäßigungen
Auch der Museumsbesuch ist in Helsinki teuer. Aber: Nicht wenige Museen verlangen überhaupt keinen Eintritt. Das Stadtmuseum mit seinen Dependancen gehört dazu, die Hakasalmi Villa, das Straßenbahnmuseum, die Galerie Virka, das Geld- und Bankmuseum sowie sieben weitere Museen. In anderen Häusern ist der Zutritt an einem bestimmten Tag und/oder zu bestimmten Zeiten kostenlos: an jedem letzten Fr des Monats 17–20 Uhr im Design-Museum, am 1. Mi 17–20 Uhr im Sinebrychoff-Kunstmuseum, am 1. Do 16–18 Uhr im Naturhistorischen Museum, am 1. Fr im Kiasma ab 17 Uhr, im Tennispalatsi und Architekturmuseum ab 11 Uhr. Ganz eifrige Museumsgänger können ihre Kosten minimieren, indem sie sich die Helsinki Card besorgen (www.helsinkicard.com, ► S. 110).

Die Ausstellung ›Don't shoot the messenger‹ im Designmuseum

Die schönste Architektur

Architektur und Design sind Helsinkis Markenzeichen – so wie Literatur für Dublin oder Samba für Rio. Schon in zaristischer Zeit folgte die Stadtplanung einem zukunftsorientierten Gesamtentwurf. Alvar Aalto setzte diese Tradition im 20. Jh. fort, und heute sind dessen Nachfolger dabei, Helsinkis Vorstädte als moderne, aber menschliche Quartiere zum Wohnen und Arbeiten zu konzipieren.

In Szene gesetzt

Museum für finnische Architektur (Suomen rakennustaiteen museo) 🕮 Karte 2, G 6

Stadtarchitektur zu sehen, ist das eine, den großen Zusammenhang vermittelt dieses Museum, das auf der Rückseite des Designmuseums liegt. Der großartige dreistöckige Bau stammt von 1899, die ausgestellten Exponate sind jünger. Der Schwerpunkt des Museums liegt auf der Architektur und Stadtentwicklung des 20. Jh. Allerdings ist der Bestand recht bescheiden – es hängt also davon ab, was in der jeweiligen Themen- bzw. Wechselausstellung gezeigt wird.

Kasarmikatu 24, T 09 85 67 51 00, www.mfa.fi, Tram: 10, Di–So 11–18, Mi bis 20 Uhr, 8 €, unter 18 Jahren frei, Kombiticket Designmuseum 12 €

Helsinkis Wahrzeichen

Finlandia-Halle (Finlandiatalo) 🕮 F 4

Der an der Töölö-Bucht gelegene Komplex aus weißem Carrara-Marmor und grauem Granit wurde 1971 fertiggestellt. Die Halle trägt bis in kleinste Details die Handschrift ihres Erbauers Alvar Aalto. Wer sich für die Baugeschichte interessiert, kann sie außerhalb von Konzerten auch auf geführten Rundgängen besichtigen. Das Foyer und die Ausstellungen der Galerie Veranda sind aber auch ohne Eintrittsgeld frei zugänglich.

Mannerheimintie 13, T 09 402 41, www.finlandiatalo. fi, Tram: 4, 7A/B, 10, Info-Shop, Veranda-Café und Veranda-Galerie, Mo–Fr 9–19 Uhr, Führungen 15 €

Raum für Konzerte und Kongresse

Kulturhaus (Kulttuuritalo) 🕮 G 2

Zentrumsnah am Ende der Töölö-Bucht, unmittelbar neben dem Vergnügungspark Linnanmäki, ist die geschwungene Ziegelsteinfassade unübersehbar. Alvar Aalto zeichnete den Komplex (1952–58) für die Kommunistische Partei, nach dem finanziellen Ruin der KPF wurde das überkuppelte Kulturhaus 1990 an den Staat verkauft. Nach wie vor werden hier Kongresse abgehalten und Konzerte gegeben. Jimi Hendrix, Led Zeppelin, Frank Zappa, AC/DC, Tina Turner, Metallica, Iron Maiden, Lady Gaga u. a. traten schon im Kulturhaus auf.

Sturenkatu 4, T 09 774 02 70, www.kulttuuritalo.fi, Tram: 1/1A, 3, 8, 9, Bus 23 ab Bahnhof, das Foyer des Gebäudes ist zugänglich, Mo–Fr 8–16 Uhr, Führungen im Juli Fr 16 Uhr und im Aug. Mo, Fr 16 Uhr, 15 €

Ü ÜBRIGENS

Alvar Aalto (1898–1976) ist der bekannteste finnische Architekt und Designer, einer der führenden Baumeister der Moderne. Beispiele seiner ›menschlichen‹ modernen Architektur findet man weltweit, vor allem auch in Deutschland. Aber natürlich ist Aalto hauptsächlich in Finnland vertreten, und hier besonders in Helsinki, dessen heutiges Aussehen er maßgeblich prägte.

Wo der Meister lebte

Alvar-Aalto-Haus (Alvar Aallon kotitalo) B 1

Das 1936 vollendete Gebäude im Vorort Munkkiniemi diente dem Paar Aino and Alvar Aalto als Büro und als Wohnhaus. Die Architekturperle wurde bis in die Details durchgestylt. Die Verwendung einheimischer Materialien (vor allem viel Holz), die Terrasse und das Flachdach, viele innovative Ideen zur Gestaltung von Leben und Arbeiten, all das macht das Aalto-Haus zu einem Programmbau der Moderne. Im Museums-Shop kann man stöbern, ohne Eintritt zu zahlen.

Riihitie 20, www.alvaraalto.fi/aaltohouse, Tram: 4 bis Endstation Munkkiniemi, dann zu Fuß auf der Laajalahdentie nach Westen, am Sportplatz rechts in die Riihitie einbiegen; geführte Touren Mai–Sept. Di–So 13, 14, 15, 16, Aug. tgl. jede Std. von 13–17 Uhr, bis Nov. und ab Febr. Di–So 13, 14, 15 Uhr, Dez. und Jan. Sa 13, 14, 15 Uhr, 17/8 €, bis 18 Jahre frei, Kombiticket Aalto-Haus und Aalto-Studio 30/14 €

Aaltos Büro

Studio Aalto außerh. A 1

Sein Architekturbüro, nur einen kurzen Fußweg vom Wohnhaus entfernt, gilt als einer der besten Aalto-Bauten der 1950er-Jahre. Hier arbeiteten er und seine Mitarbeiter bis 1976. Das weiße, zweistöckige Haus mit seinem spitzen Dach, den großen Fenstern, indirekter Beleuchtung und dem interessant gestalteten Innenhof war ganz auf die Bedürfnisse eines damals schon weltbekannten Büros zugeschnitten – hier wurde gezeichnet, modelliert, präsentiert, konferiert, gemeinsam gegessen und Architekturgeschichte geschrieben.

Tiilimäki 20, www.alvaraalto.fi/studioaalto, Tram: 4 bis zur vorletzten Station Tiilimäki, dort der Straße etwa 100 m zu Fuß weiter folgen, Führungen Mai–Sept. Di–So 11.30, 12.30 Uhr, im Aug. auch Mo, Okt.–April Di–Sa 11.30 Uhr, gleiche Preise wie beim Aalto-Haus (s. o.)

Stilvoll essen & trinken

Restaurant Savoy Karte 2, G 5

Architektur-, Design- und Gastronomie-Erlebnis vereint das Dachrestaurant Savoy an der Esplanade! Das seit 1937 unveränderte Lokal ist wirklich top – was die Aussicht, die Qualität und leider auch die Preise anbelangt. Das Gebäude selbst ist ein achtstöckiger ›Industriepalast‹, das Design des Restaurants in den oberen beiden Etagen stammt von Alvar and Aino Aalto. Möblierung und Beleuchtung wurden bis ins Detail durchkomponiert, hier ist auch der Ursprung der berühmten Savoy-Vase. Der bekannteste Stammgast war Marschall Carl Gustaf Emil Mannerheim (1867–1951) – der für ihn reservierte Tisch ist immer noch zu sehen. Er war es auch, der dem Küchenchef das Rezept für das ›Vorschmack‹ gab, heute ein Klassiker der finnischen Küche. Ebenfalls im Savoy erhältlich: Mannerheims spezieller Longdrink Marskin Ryyppy, gemixt aus Wein, Aquavit, Gin und Wermut. Von den hohen Restaurant-Preisen abgeschreckt? Es geht auch preiswerter – schräg gegenüber im Café Aalto der Akademischen Buchhandlung (► S. 99), die ebenfalls Aaltos Handschrift trägt.

Eteläesplanadi 14, T 09 61 28 53 00, www.ravintolasavoy.fi, Tram: 1/1A, 2, Mo–Fr 11.30–14.30, 18–24, Sa 18–24 Uhr

Engels Meisterwerk

Finnische Nationalbibliothek (Kansalliskirjasto) Karte 2, H 5

Viele halten sie für das genialste Bauwerk des Berliner Architekten Carl Ludwig Engel (► S. 21). Das wunderbare Treppenhaus, der edle Lesesaal, der indirekte Lichteinfall, all das ist nicht nur schön, sondern war zur Entstehungszeit (1840–46) auch höchst innovativ. Engel hat den Prachtbau mit seiner flachen Kuppel an prominenter Stelle platziert: direkt neben die Domkirche. Seit 2016 strahlt das Gebäude wieder in altem Glanz. Der Eintritt ist frei, es gibt ein nettes Café und oft interessante Wechselausstellungen – also unbedingt anschauen!

Fabianinkatu 35, 02941 227 50, www.kansalliskirjasto.fi, Tram: 2, 4, 5, 7B, Mo–Fr 9–18, Sa 9–16 Uhr, im Juli z. T. geschl.

Größte Bibliothek des Nordens

Universitätsbibliothek (Helsingin yliopiston kirjasto) Karte 2, H 4

Nur 150 m nördlich erbte 2012 die neue Universitätsbibliothek ihre Funktion von Engels Vorgängerbau. Das ›Kaisa-Haus‹

des Architekturbüros Anttinen Oiva gibt sich mit seiner geschwungenen Fassade recht protzig, doch innen sorgen das Atrium – mit überraschenden Ausblicken auf die Stadt – mehrere Cafés und Sitzecken für nachhaltige Aha-Erlebnisse. Mit über 73 Regalkilometern und 26 500 elektronischen Zeitschriften ist die Bibliothek die größte ihrer Art im Norden.

Fabianinkatu 30, T 02 94 12 39 20, www.helsinki.fi/library, Metro: Kaisaniemi, Mo–Fr 9–20, Sa 10–16 Uhr

Vom Fischerhafen in die Zukunft

Kalasatama 🕮 K 2

Nördlich der Innenstadt wird seit einigen Jahren der ehemalige Fischerhafen zu einem Vorzeigeprojekt ›intelligenter Stadtentwicklung‹ ausgebaut. Das entstehende Stadtviertel für 20 000 Menschen soll vielseitig, sozial und altersmäßig durchmischt, innovativ und komplett vernetzt sowie natürlich ökologisch vorbildlich sein. 8000 Arbeitsplätze will man schaffen und sowohl Waterfront-Apartments als auch ›richtige Hochhäuser‹ bauen – eben das, was man hier einen Smart City District nennt. Vollendet wird der Stadtteil erst Ende der 2020er-Jahre sein. Aber schon jetzt ist einiges fertig, wohnen Menschen hier und kann Kalasatama mit der Metro erreicht werden – reizvoll allein schon wegen der tollen Aussicht aufs Stadtzentrum.

Metro: Kalasatama

Wohnlaboratorium

Arabianranta 🕮 K 1

Der nördliche Stadtteil Arabianranta wird als Beispiel für die gelungene Verbindung von Gegensätzlichem gerühmt: Alt und Neu, Natur und Urbanität, Industrie- und Wohngebiet, Kunst und Technologie. Hier wurden alte Industrieareale umgenutzt, dazwischen sieht man moderne, oft überraschende Architektur und zur Küste hin lockt der Strandpark zu Spaziergängen. Bekannt wurde Arabianranta auch, weil das Quartier für den ersten finnischen Versuch steht, vom Kühlschrank bis zum Lebensmittelladen alles kabellos miteinander zu vernetzen, eine Cyber-Community (Helsinki Virtual Village) in der realen Welt zu schaffen. Shopping-Enthusiasten sollten hier das Arabia Center (Arabiakeskus, ► S. 103) mit seinen Designer-Outlet-Shops und dem Arabia Museum (► S. 79) nicht verpassen. Und wenn man hungrig geworden ist: unbedingt bei der Rückfahrt mit der Tram am alten Schlachthof (Teurastamo, ► S. 53) einen Stopp einlegen!

www.arabianranta.fi/en, Tram: 6/6T, 8

Aaltos Architektur-Credo am eigenen Haus umgesetzt: nicht gegen, sondern mit der Natur!

Pause. Einfach mal abschalten

Helsinki bietet vielfältige Möglichkeiten durchzuatmen. Das gilt sowohl für grüne Flecken in der Stadt und die Wildnis wenige Kilometer außerhalb als auch für Ruheoasen in der urbanen Architektur. Die ›finnischste‹ Art der Entspannung: ein Saunagang samt Sprung ins Meer.

Reif für die Insel?
Lonna und Vallisaari

L 7, außerh. L 8

Vor den Toren Helsinkis erstreckt sich eine malerische Insellandschaft mit über 300 Inseln. Die neueste Attraktion Vallisaari (www.nationalparks.fi/vallisaari) beeindruckt als ehemaliges Waffendepot mit Befestigungsanlagen und der reichsten Artenvielfalt des Stadtgebiets. Zwei ausgeschilderte Rundwege (3 und 2,5 km) führen zu den spektakulärsten Aussichtspunkten. Führungen bietet u. a. die Ehrensvärd-Gesellschaft (www.suomenlinnatours.com) auf Englisch. Von einer ähnlich kriegerischen Vergangenheit zeugt das winzige, kaum 150 m lange Inselchen Lonna (www.lonna.fi), das von der russischen Marine zur Lagerung von Minen und in der Nachkriegszeit zur Entmagnetisierung von Schiffen genutzt wurde. Die Ausrüstung wird in einer Ausstellung des Inselrestaurants präsentiert. Eine öffentliche Sauna ist geplant.

Alle drei Inseln Vallisaari, Lonna und Suomenlinna mit dem Wasserbus Jt-Line von Mai bis Sept. per Insel-Hopping vom Marktplatz aus: www.jt-line.fi, 7 €, Kinder 7–16 Jahren 3,50 €

Wildnis vor den Toren der Stadt
Nuuksio Karte 5

Was hat Finnland noch mehr als Wasser? – natürlich, Wald! Vor der Türschwelle der Hauptstadt breitet sich auf rund 53 km² der Nationalpark Nuuksio aus. Die wunderschöne Landschaft mit schroffen Felshügeln und grünem Nadelwald ist nicht nur ein Paradies für Wanderer, das finnische Jedermannsrecht erlaubt es, nach Lust und Laune Beeren und Pilze zu sammeln, zu angeln und (an den vorgesehenen Stellen) zu grillen und zu campen. Das Naturzentrum Haltia bringt dem Besucher die Natur Finnlands in wechselnden Ausstellungen näher. Darüber hinaus gibt es hier ein Restaurant und Sie können Outdoor-Ausrüstung ausleihen, auch zahlreiche Aktivitäten werden angeboten. Nur 1 km von Haltia entfernt befindet sich ein Rentierpark. Doch auch Nuuksio selbst ist Heimat einer artenreichen Tierwelt: Vielleicht sichten Sie ja sogar das Wappentier des Parks, das Europäische Gleithörnchen …

Mit Bus oder Bahn nach Espoo und von dort mit den Buslinien 85/85 A bis zum Naturzentrum

Ü ÜBRIGENS

Auch im **Stadtkern** sind hie und da kleine **Ruhepunkte** verteilt, an denen Sie zwischendurch Kraft schöpfen können: Von den Domtreppen aus haben Sie z. B. einen wunderbaren Ausblick über den Senatsplatz und von oben können Sie die vorbeieilenden Menschen beobachten. In der Universitätsbibliothek finden Sie vollkommene Ruhe an einem Ort des Wissens. Auf der Halbinsel Hietianemi genießen Sie die Stille auf dem Friedhof oder Sie wagen vom beliebtesten Badestrand der Stadt, Hietaranta, einen Sprung ins kalte Wasser. Der beste Fluchtort vor dem Großstadtlärm jedoch ist die Kapelle der Stille.

Haltia an der Haltestelle Solvalla. Infos und Karten unter www.nationalparks.fi/nuuksio und www.haltia.com

Schwimmen mal anders

Itäkeskuksen Uimahalli
außerh. M 2

Schwimmbäder mit mehreren Pools, Whirlpool und Wasserrutschen hat man schon öfter gesehen. Doch das Schwimmbad in Itäkeskus befindet sich als größte Untergrund-Schwimmhalle der Welt vollkommen unter der Erde. Insgesamt passen 1000 Personen gleichzeitig hinein, in Notfällen kann sie jedoch auch 3888 Menschen Schutz bieten. Außerdem bietet das Bad noch – wie könnte es in Finnland anders sein – 6 Saunen, ein Solarium, ein Café und (gegen Aufpreis) einen Fitnessraum. Unter der weiß getünchten Decke fühlt man sich ein wenig wie in einer gigantischen arktischen Höhle.

Olavinlinnantie 6, T 09 31 08 72 02, Metro M1/M2K bis Itäkeskus, Mitte Aug.–Mai Mo–Mi, Fr 6.15–20.30, Do 11–20.30, Sa 8–19.30, So 8–20.30 Uhr, 5,50 €, Kinder 2,50 €, mit Nutzung des Fitnessraums 7 €, Kinder 3,50 €

Helsinkis grünes Herz

Keskuspuisto ab D–G 1–4

Der bewaldete Zentralpark erstreckt sich von der Bucht Töölönlahti bis zur Nordgrenze Helsinkis. Er ist 10 km lang, über 100 Jahre alt und hat etwa 1000 ha Fläche – eine einzigartige Möglichkeit, die finnische Natur in der Stadt zu erleben. Die etwa 100 km Wanderwege, die ihn durchziehen, sind häufig mit Infotafeln bestückt und werden im Winter z. T. als Skiloipen genutzt. Einen richtigen Urwald mit üppiger Vegetation findet man im nördlichen Teil Haltiala, durch den sich der Fluss Vantaajoki schlängelt. Wer weiß, mit etwas Glück erhaschen Sie vielleicht sogar einen Blick auf einen Elch!

Der südliche Teil des Parks beginnt direkt hinter dem Hauptbahnhof, in den nördlichen Teil Haltiala gelangt man mit den Bussen 614/615

Im Reich der Pflanzen

Kaisaniemi G 4

Hinter dem Grau des Hauptbahnhofs verbirgt sich üppiges Grün: Der botanische Garten lockt vor allem im Sommer

Tropenfeeling auf nördlichen Breitengraden – in Kaisaniemi

mit seiner farbenfrohen Rosenpracht. Im Winter trotzen die zehn Treibhäuser als warmer und lichter Rückzugsort der Kälte und Dunkelheit, doch auch im Sommer hat die exotische Pflanzenwelt ihre Reize: Von den duftenden Nadelwäldern Finnlands reist der Besucher südwärts, durch tropische Dschungel und ausgedörrte Wüsten. Hier kann man den größten Samen der Welt bestaunen. Oder die Santa-Cruz Riesenseerose: Sie kann mit einem Durchmesser von 2 m das Gewicht eines Erwachsenen tragen.

Zugang und Info: Unioninkatu 44/Kaisaniemenranta 2, www.luomus.fi/en/kaisaniemi-botanic-garden, Tram: 1/1A, 3B/T, 6, 7A/B, 9, Metro: Hakaniemi und Kaisaniemi, Treibhaus Juni–Aug. Di–So 10–17, Sept.–Mai Di/Mi, Fr–So 10–16, Do 10–18 Uhr, 9 €, bis 17 Jahre 4,50 €, Kinder unter 7 Jahren Eintritt frei; Garten tgl. 9–20 Uhr, Eintritt frei

Ü
ÜBRIGENS

Mehr als ein Drittel der Fläche Helsinkis besteht aus Parks und Grünflächen. Auf der Website **›Green Hearts‹** (www.vihreatsylit.fi) können Sie die Geheimnisse der Parks selbst entdecken.

Wie man sich bettet …

Wer reiste früher schon nach Helsinki? Geschäftsleute, Diplomaten und natürlich bei den olympischen Sommerspielen viele internationale Gäste. Für diese Klientel wurden Helsinkis Hotels gebaut. Kleine, gemütliche Pensionen für Individualreisende findet man deshalb so gut wie gar nicht.

Ab den 1980ern entstanden große, praktische und komfortable Häuser, die meist einer Kette (Sokos, Scandic) angehören. Erst seit jüngerer Zeit gibt es vermehrt Boutique- oder Art-Hotels, die mehr auf Individualität setzen.

In allen Unterkünften ist ein recht hoher Standard, aber auch ein hohes Preisniveau zu erwarten. Eine verbindliche Preisliste hat jedoch kaum noch ein Hotel in Helsinki. So kann man mit Glück selbst ein Zimmer im Edelklassiker-Hotel Kämp (► S. 29), der einzigen Fünf-Sterne-Herberge, zum Schnäppchenpreis ergattern. Die Faustregel, sich frühzeitig um eine Unterkunft zu kümmern, weil man so die besten Tarife kriegt, stimmt auch nicht mehr. Manchmal bekommen Sie die wahren Schnäppchen nur *last minute*!

Erstaunlich groß ist das Angebot an Ferienwohnungen oder Apartments! Damit bekommen Sie eine größere Wohnfläche und die Möglichkeit, sich das Essen kostengünstig selbst zu kochen. Auch bei Airbnb (www.airbnb.de) sind viele privat vermietete Unterkünfte zu finden, die oft zentral gelegen, modern eingerichtet und deutlich preisgünstiger sind als die Hotels.

Keine Architekturperle: Die Fassade des Arthur ist typisch für einen Großteil der Helsinkier Hotellerie.

SPAREN

Die finnischen Übernachtungspreise sind hoch, die in Helsinki besonders. Damit die Reisekasse nicht gesprengt wird, kann man den teuren Innenstadtbereich meiden. Die Hotels an der Peripherie, insbesondere in Espoo und Vantaa, sind deutlich billiger. Und die Anbindung an das öffentliche Verkehrsnetz ist meist vorzüglich.

AUF RABATTE ACHTEN

Auf den Hotel-Websites oder auch beim Hotelbuchungszentrum sollte man auf Rabatte achten, die phänomenal sein können, besonders an Wochenenden. Denn die teureren Hotels werden mehrheitlich von Geschäftsreisenden gebucht. Die aber pflegen am Wochenende eher zu Hause zu bleiben.

Quadratrisch, praktisch, gut

Hostel Domus Academica F 5

Zugegeben: Eine Architekturperle ist das ›Sommerhostel‹ weder innen noch außen und hohe Komfortansprüche sind ebenfalls fehl am Platz. Das Studentenwohnheim, das vom 1. Juni bis zum 1. Sept. in eine Herberge für Besucher umgewandelt wird, soll trotzdem hier empfohlen werden. Erstens liegt es absolut zentral, nur wenige Fußminuten sind es zum Kamppi oder zum populärsten Sandstrand Helsinkis, ein Fahrradverleih liegt gleich um die Ecke. Zweitens sind die Einzel-, Doppel- und Dreibettzimmer (mit Du/WC) mit allem Wesentlichen ausgestattet, sogar eine Kitchenette gibt es. Drittens sorgen der 24-Stunden-Service und Einrichtungen wie Café-Restaurant und Sauna für echtes Hotelgefühl. Und viertens ist das Preis-Leistungs-Verhältnis einfach unschlagbar!

Hietaniemenkatu 14, T 09 13 11 43 34, www.hostelacademica.fi, Bus: 24, EZ ab 52 €, DZ ab 65 €

Die Lage ist alles

Hotel Arthur Karte 2, G 4

Schmuck- und einfallslos präsentiert sich die Fassade des Arthur, doch die Lage ist einwandfrei. 167 gut ausgestattete, allerdings sehr unterschiedliche Zimmer verteilen sich auf neun Etagen und haben u. a. TV, WLAN und z. T. auch Kitchenette und/oder eine eigene Sauna. Am schönsten sind die Zimmer in der oberen Etage, der Aussicht wegen. Das Hotel-Restaurant serviert mittags ein Büfett, abends speist man finnische Gerichte à la carte.

Vuorikatu 19, T 09 17 34 41, www.hotelarthur.fi, Tram: 2, 4/4T, 6/6T, 7A/7B, DZ 140–160 €

Ruhig und gemütlich im Trendviertel

Hotel Anna Karte 2, G 6

Eins der wenigen kleineren Hotels in Helsinki, dem man auch das Prädikat ›gemütlich‹ verleihen kann. Die Mittelklasseherberge liegt im quirligen Design District, etwa 10 Gehminuten von der Esplanade entfernt. Jedes der insgesamt 64 Einzel- und Doppelzimmer ist gut ausgestattet, z. B. mit Minibar, WLAN und Flach-TV. Außer mit seiner Lage kann das Haus mit einem guten Frühstücksbüfett und natürlich auch mit einer Sauna punkten.

Annankatu 1, T 09 61 66 21, www.hotelanna.com, Tram: 2, 10, DZ 160–190 €

Klein, aber fein

Hotel Carlton Karte 2, G 5

Gegenüber dem Bahnhof, also mitten im großstädtischen Trubel, hebt sich dieses kleine Hotel positiv vom internationalen Einerlei ab, obwohl es ebenfalls zu einer Kette (Best Western) gehört. In dem Gebäude aus den 1930ern finden Sie im Erdgeschoss das Restaurant Iguana (TexMex und italienische Küche, gutes Mittagsbüfett) und einen Coffee-Shop, in dem Sie aus großen Fenstern auf das urbane Treiben schauen. Über eine Treppe geht es zu den nur 21 Gästezimmern, von denen keines dem andern gleicht, die aber alle modern und komfortabel ausgestattet sind – einige sogar mit eigenem Jacuzzi. Und bei schönem Wetter steht eine Sommerterrasse zur Verfügung.

Kaisaniemenkatu 3, T 09 684 13 20, www.carlton.fi, Tram: 3, 6/6T, 9, DZ 130–190 €

Finnisches Design und Penthouse-Sauna

Helka Hotel F 5

Das schlichte Stadthaus aus den 1920ern liegt in unmittelbarer Nähe zum Tennispalatsi und zum Kamppi-Komplex und macht innen wie außen einen gepflegten Eindruck. Die Drei-Sterne-Herberge verfügt über 150 helle und geräumige Zimmer, die mit Möbeln von Artek oder anderen finnischen Designern ausgestattet sind. Im zwanglosen Restaurant Helkan Keittiö gibt es neben finnischer Küche auch Burger oder Pasta. Beim nächtlichen Absacker in der Helka Baari sollten Sie einmal die Biere der lokalen Brauereien probieren. Und die Sauna? Die gibt's natürlich auch, im Helka sogar besonders schön im oberen Stockwerk untergebracht – mit Panoramablick und Dachterrasse zum Abkühlen.

Pohjoinen Rautatienkatu 23, T 09 61 35 80, www.helka.fi, Tram: 2, Metro: Kamppi, DZ 140–200 €

Stylische Jugendstil-Burg

GLO Hotel Art Helsinki Karte 2, F 6

Zu Recht hieß das 1903 erbaute Haus einmal ›Linna‹, also Burg. Mit seinen Granitquadern und dem Turm ist es eine wahre Perle des nationalromantischen Jugendstils, ein Eindruck, der im Innern mit seinen Gewölben, dem Treppenhaus und dem großen ›Jugendsali‹ bestätigt wird. Die über 170 durchgestylten Gästezimmer (in vier Kategorien), die sich auf das historische Haupthaus und zwei benachbarte Gebäude verteilen, passen hingegen eher zum Design-Distrikt, in dem die Unterkunft liegt. Viel Ambiente also und viel Komfort – was sich im Preis niederschlägt. Dafür dürfen Sie ein sehr gutes Restaurant, eine Sauna im Turm, viele Annehmlichkeiten (z. B. Fahrradverleih) und aufmerksamen Service erwarten!

Lönnrotinkatu 29, T 09 344 41 00, www.glohotels.fi, Tram: 3, DZ 140–250 €

Gediegen, traditionsreich und mit fantastischer Bar

Hotel Seurahuone Karte 2, G 5

Fast wie eine Trutzburg sieht es aus, das legendäre Hotel Seurahuone. Seine Ursprünge reichen bis ins Jahr 1833 zurück, an seine jetzige Stelle gegenüber dem Hauptbahnhof ließ der Zar es 1914 verlegen. Für die Tradition steht die eindrucksvolle Liste der Berühmtheiten, die hier übernachtet haben, und die spektakuläre Innenarchitektur. Bei der letzten Renovierung haben die Besitzer die glanzvolle Vergangenheit mit den Ansprüchen der Jetztzeit kombiniert, sodass die 118 Zimmer mit modernem Komfort ausgestattet sind. In der Brasserie Le Havre wird französisch inspirierte Küche geboten, doch der Hingucker schlechthin ist die Bar Socis mit ihrem Springbrunnen und der Glaskuppel – Sie werden kaum eine schönere in Skandinavien finden! Im Seurahuone wohnt man wirklich mitten im Geschehen, nur einen Steinwurf vom Bahnhof entfernt. Vollständige Ruhe ist da natürlich nicht zu erwarten.

Kaivokatu 12, T 020 04 81 06, www.hotelliseurahuone.fi, Tram: 3, 6, DZ 150–200 €

Hinter schwedischen Gardinen

Hotel Katajanokka J 5

Wie der Name verrät, liegt dieses Lifestyle-Hotel mitten auf der Halbinsel Katajanokka. Dass es sich hinter einer hohen Backstein-Mauer versteckt, hat seinen besonderen Grund: Von 1837 bis 2002 dienten die Gemäuer dem Hauptstadt-Distrikt als Gefängnis mit Zellen für über 200 Gefangene. Die im modernen skandinavischen Stil umgebaute Herberge besitzt noch etliche Reminiszenzen an diese Zeit, darunter eine original eingerichtete Zelle unten im Restaurant Linnankellari. Ansonsten bietet das Katajanokka eine bequeme und sehr ruhige Unterkunft mit Fitness-Studio, Sauna, Fahrradverleih und einer schnellen Tramverbindung ins Zentrum. Auf der Sommerterrasse im alten Gefängnishof wird jeden Freitag Livemusik gespielt und bei gutem Wetter auch gegrillt.

Merikasarminkatu 1a, T 09 68 64 50, www.hotelkatajanokka.fi, Tram: 4/4 T, DZ 155–240 €

Helsinkis erstes Designhotel

Klaus K. Hotel Karte 2, G 5

Im magischen Dreieck von Esplanade, Mannerheimintie und Erottaja wurde 1882 die Deutsche Schule für Mädchen eingeweiht, die wiederum Lars Sonck 1912 zu einem Hotel umbauen ließ. Als es 2005 neueröffnet wurde, galt das Klaus K. als erstes Designhotel Finnlands. Alle 137 Zimmer sind bestens und individuell ausgestattet und mit mystischen Namen versehen. Und wenn Geld keine Rolle spielt, ist die Übernachtung in einer der drei Loft-Suiten ein Erlebnis der besonderen Art. Durchgestylt sind auch das Fitness-Studio und die gastronomischen Bereiche: das italienische Gourmet-Restaurant Toscanini, das Frühstücksrestaurant sowie die Lounge-Bar K Dine.

Bulevardi 2–4, T 020 770 47 00, www.klauskhotel.com, Tram: 3, 6/6T, 9, DZ 164–210 €

Über den Dächern der Stadt

Sokos Hotel Torni Karte 2, G 5

Der Name (›Turm‹) dieses Jugendstilhotels an der Alten Kirche deutet schon

Die Bar Runar des Hotels F6 wurde auch nach dem Architekten Runar Finnilä, aber hauptsächlich nach dem hauseigenen Hund benannt.

an, dass es hier hoch hinaufgeht. Das 14-Etagen-Bauwerk, eine eindrucksvolle Art-déco-Landmarke, war lange das höchste Gebäude der Stadt. Das Torni verfügt über 152 sorgfältig restaurierte und luxuriös ausgestattete Zimmer (bei der Buchung nach einem in den oberen Etagen verlangen, die Aussicht ist einfach toll). Gastronomisch punktet das Hotel mit dem trendigen Restaurant Torni, das gehobene finnische Küche serviert, dem O'Malley's Irish Pub, der American Bar sowie der Panorama-Turmbar Ateljee (► S. 43) mit herrlichem Blick über die Stadt.

Yrjönkatu 26, T 020 123 46 04, www.ravintolatorni.fi, Bus: 13, DZ 187–260 €

Ein Hotel-Hund namens Runar

Hotel F6 Karte 2, H 5

Die familiengeführte und mit 66 Zimmern verhältnismäßig kleine Herberge legt großen Wert auf Qualität und Nachhaltigkeit: Der Strom ist grün, die Materialien edel und die Kräuter kommen aus dem eigenen Gewächshaus. Die Zimmer sind im Boutique-Stil eingerichtet und mit allen Annehmlichkeiten ausgestattet. Wenn morgens vor den Augen der Gäste das Frühstück frisch zubereitet wird, kommt man gut in den Tag. Anschließend kann man sich eines der hoteleigenen Fahrräder ausleihen, was angesichts der Top-Lage (in einer Nebenstraße der Esplanade) aber eigentlich gar nicht notwendig ist. Kulturtouristen finden in unmittelbarer Nähe Galerien und Museen, Shopping-Enthusiasten kommen in den benachbarten Malls auf ihre Kosten und alle Sehenswürdigkeiten des Zentrums sind fußläufig zu erreichen. Durchatmen kann man im schattigen Park der Alten Kirche und relaxen vis-à-vis im wunderschönen Jugendstilbad. Abends beschließt man den Tag in der Bar Runar, benannt nach dem Architekten und dem allgegenwärtigen Hotel-Hund. Das schicke Hotel punktet außerdem mit einem modernen Fitnessraum, einem gemütlichen kleinen Innenhof und mit engagiertem Personal, ist dafür aber auch nicht gerade preiswert!

Fabianinkatu 6, T 09 68 99 96 66, www.hotelf6.fi, Tram: 1/1A, 2, DZ 240–380 €

Ohrfeigen für Naschkatzen

Einst eine gastronomische Wüste, wimmelt es in Helsinki mittlerweile von Restaurants, die die ganze weite Welt hierher bringen. Dazu verströmen lappländische Spezialitätenrestaurants den Reiz des Exotischen.

Die Lage zwischen Ost und West hat auch auf der Speisekarte ihre Spuren hinterlassen. Zum Erbe der Schweden gehören die marinierten Heringe, die Hausmannskost *pyttipannu* aus gebratenen Kartoffeln, Zwiebeln und Speck sowie das traditionelle Krebsessen. Die Pirogge *(piirakka)* stammt aus der finnisch-russischen Traditionslandschaft Karelien. Die herzhaften Teigtaschen mit Kartoffel oder Reis kann man günstig im Supermarkt kaufen – ein prima Snack für zwischendurch! Generell bevorzugen die Finnen eine saisonal geprägte Küche aus dem, was Wald (Beeren, Pilze, Rentierfleisch) und Meer (Fisch, Meeresfrüchte) hergeben. Ein allgegenwärtiges Grundnahrungsmittel ist das Roggenbrot *(ruisleipä)*.

Nach der Sauna essen die Finnen am liebsten eine Wurst *(makkara)*, die sie mit einem Bier *(olut)* hinunterspülen. Und wenn man vom Teufel spricht: Die Finnen sind berühmt-berüchtigt für ihren Alkoholkonsum. Wegen der enorm hohen Preise für Alkoholika und des Monopols der staatlichen Alko-Läden spart man sich diesen Genuss oft für das Wochenende auf, holt dann aber alles nach – mit den absehbaren Folgen.

Rentier (›poro‹) in Dosen

RESTAURANT-TAG

Das beste Beispiel für die finnische Experimentierfreude und Street-Food-Affinität ist der viermal jährlich stattfindende **Restaurant Day** (www.restaurantday.org), der 2011 in Helsinki seinen Ursprung hatte und seitdem weltweit Verbreitung findet. An diesem Tag kann jeder überall sein eigenes Pop-up-Restaurant eröffnen und die Stadt in ein kunterbuntes und vielfältiges Schlaraffenland verwandeln.

NASCHKATZEN

… werden nicht an der finnischen Version der **Zimtschnecken,** den *korvapuustit* (wörtl.: Ohrfeigen) vorbeikommen. Die besten **Süßigkeiten** Finnlands stammen von der Marke Fazer, darunter die blaue Fazer-Schokolade und das salzige Lakritz Salmiakki.

SO BEGINNT EIN GUTER TAG IN HELSINKI

Brunchen mit Bob
Dylan Arabia außerh. H 1
Design trifft Essensvielfalt: Die Retro-Deko ist eine Hommage an den amerikanischen Musiker, das wechselnde Brunch-Büfett (19,50 €) bietet alles, was das Herz begehrt: zahlreiche Salate, hausgemachte karelische Piroggen, Obst oder Kuchen … Ob warm oder kalt, bei der breiten Palette an Speisen ist garantiert für jeden etwas dabei. Mittlerweile hat sich das Dylan den Ruf als eines der besten Brunch-Cafés der Stadt erworben.
Hämeentie 153 B, T 040 169 01 02, www.dylan.fi/arabia, Tram: 6/6T, 8, Lunch Mo–Fr 11–14, Brunch Sa/So 11–15.30 Uhr, 8–13 €

Kaffee-Eldorado
La Torrefazione Karte 2, G 5
In dem kleinen, versteckten Coffee-Shop im Herzen der Stadt gibt es nicht nur ausgezeichneten Fair-Trade-Kaffee für eine echt finnische Kaffeepause und ein tolles Frühstück (12,50 €), beim Brunch am Wochenende (21 €) haben Sie außerdem die Qual der Wahl: Soll es amerikanisch, europäisch oder finnisch sein? Als Dessert gibt es einen Pfannkuchen oder einen Smoothie!
Aleksanterinkatu 50, T 094 289 06 48, www.latorre.fi, Tram: 2, 3, 4, 6, 7A/B, 9, Mo–Fr 7.30–20, Sa 9–19, So 10–18.30, Frühstück Mo–Fr 7.30–10, Brunch Sa 9–12, So 10–13 Uhr, Lunch 10–12 €

Here comes the Sunn
Sunn Karte 2, H 5
Klassisches Frühstücksbüfett (23 €) in einem der ältesten Gebäude Helsinkis, mit Quiche, Müsli, Salat, Suppe, Obst etc. Wenn es richtig edel sein soll, mundet ein Prosecco oder Bellini sehr gut dazu. Und das Beste: Währenddessen können Sie ganz entspannt das Treiben auf dem Senatsplatz betrachten. Wer gleich in den Tag starten will, kann sich auch einen Picknickkorb packen lassen. Da geht doch gleich die Sonne auf …
Aleksanterinkatu 26, 2. Etage, T 010 231 28 00, www.ravintolasunn.fi, Tram: 1/1A, 2, 4/4T, Mo–Di 11–15, Mi–Fr 11–23, Brunch Sa/So 10–16 Uhr, Lunch 10–14 €, Hauptgericht 22–29 €

Mampfen im Markt
Moko Market F 6
In dem backsteinroten Industriegebäude gibt es inmitten all des Vintage- und Deko-Allerleis eines Einrichtungsgeschäftes ein kleines Café, das seit 1991 von zwei Schwestern betrieben wird. Der leckere Samstagsbrunch (19,90 €) überzeugt mit einer großen Auswahl an regionalen und biologischen Produkten. Mit einem selbst gemachten Smoothie in der Hand lässt es sich in der lockeren Atmosphäre einer umgestalteten Lagerhalle prima entspannen.
Perämiehenkatu 10, T 010 315 61 56, www.moko.fi, Tram: 1/1A, 3, Mo–Fr 9–18, Sa 10–17 Uhr, Lunch 8–12 €

Bienvenue im Blumenparadies
Fleuriste Karte 2, G 5
Elegant und doch heimelig kombiniert das Fleuriste französische Finesse mit finnischem Design – ein Stück Paris mitten in Helsinki. Außerdem gibt es hier einen Shop, der Produkte der lokalen Kaffeerösterei, Bücher, Postkarten und Leckereien anbietet. Neben Quiche und Kuchen sollten Sie unbedingt die Zimtschnecken probieren! Nicht zu vergessen der legendäre Samstagsbrunch …
Uudenmaankatu 13, T 040 051 97 45, www.fleuriste.fi, Tram: 3, 6, 10, Bus: 24, im Sommer Di–Fr 8.30–17, Sa 10–17, Frühstück 8.30–11, Brunch Sa ab 10 Uhr, Brunch 24 €, Lunch 19,50 €

Frühstück bei Fazers
Fazer Café Karte 2, G 5
Ein echter Geheimtipp ist das Frühstück im noblen Kaffeehaus Fazer! Wer von der Aleksanterinkatu über die Kluuvikatu wieder zurück zur Esplanade bummelt, passiert linker Hand die auffällige, schwarze Fassade des renommierten Cafés, das 1930 mit viel Marmor errichtet wurde. Von 7.30 bis 10.30 Uhr kann man hier für einen angemessenen Preis (12,20 €) ausgelassen schlemmen:

Das großartige Büfett bietet nicht nur eine Vielfalt an Getränken, Brotsorten, Fruchtsalat etc., sondern auch die hauseigenen Torten. Für Langschläfer gibt's von 9 bis 14 Uhr einen Brunch (19,90 €). Der Delikatessenladen lockt zudem mit einem reichhaltigen Sortiment an Brot, Torten, Gebäck sowie mit der berühmten Fazer-Schokolade und weiteren Süßigkeiten.

Kluuvikatu 3, T 09 876 21, www.fazer.fi, Tram: 1/1A, 2, 4/4T, 7A/B, Mo–Fr 7.30–22, Sa 9–22, So 10–18 Uhr

WO ESSEN AUF NACHHALTIGKEIT TRIFFT

Veggie auf Vietnamesisch

Sen Chay H 3

Das kleine, aber überraschend gute Restaurant liegt versteckt in einem Hinterhof (Hinweisschild beachten). Gebratenen Reis, Nudeln, Tofu, Wokgemüse, Pho und Co. gibt's hier in großer Auswahl und zu unschlagbaren Preisen, und zwar sowohl vegetarisch als auch vegan, auch zum Mitnehmen. Ein Muss für Asia-verliebte Vegetarier!

Siltasaarenkatu 3–5, T 040 835 22 53, Metro: Hakaniemi, Mo–Fr 9–20, Sa 12–20 Uhr, Hauptgericht 9–11 €

M

MÄMMI

Mämmi, ein gebackener, kalt servierter **Malzpudding,** gilt als eine Art **Nationalgericht** der Finnen. Er wird traditionell an Karfreitag gegessen, weil man früher an diesem Tag nicht kochen durfte. In diesem Fall isst das Auge ausnahmsweise mal nicht mit – ein amerikanischer Gesandter soll nach dem Zweiten Weltkrieg ganz entsetzt gewesen sein, weil er dachte, die Finnen äßen ihre eigenen Exkremente … Auch in Finnland ist die Osterspezialität nicht jedermanns Sache: Meist wird sie mit Sahne und Zucker serviert, um den starken Roggengeschmack etwas abzumildern.

Un buffet, s'il vous plaît

Silvoplee G 3

Hier möchte man am liebsten alles probieren: Das größte und beliebteste vegetarische Restaurant der Stadt trumpft mit einem riesigen Büfett auf. Obst und Gemüse, Salate, Soßen, Suppen und warme Speisen – hier gibt es fast alles. Doch sollten Sie nicht zu hoch stapeln: Abgerechnet wird nach Gewicht und das kommt nicht gerade billig. Der Großteil der Speisen ist vegan und bio noch dazu. Wer danach noch Platz im Bauch hat, kann die benachbarte Smoothie-Bar mit Getränken, Snacks und Rohkostkuchen besuchen. Der Name ist übrigens eine Kreuzung aus dem französischen *s'il vous plaît* und dem Namen der Besitzerin, der Schauspielerin Satu Silvo.

Toinen linja 7, T 09 726 09 00, www.silvoplee.fi, Tram: 1/1A, 3, 9, Mo–Fr 11–19, Sa 11–18 Uhr; Smoothie-Bar: Mo–Fr 8–19, Sa 10–18 Uhr, Preis je nach Gewicht pro Teller ca. 10 €

Grünes Gemüse

Zucchini Karte 2, H 5

Der Name ist Programm: Viel Gemüse, aber nicht nur Zucchini gibt es hier. Unweit der Esplanade findet man das zentral gelegene, kleine und heimelige Restaurant. Die Besucherzahlen sprechen für sich: Oft ist es hier so brechend voll, dass man kaum einen Sitzplatz bekommt. Das täglich wechselnde Mittagsessen glänzt mit großen Portionen zu guten Preisen, leider ist das Restaurant nur unter der Woche und auch nur zur Mittagszeit geöffnet. Das Menü steht zwar nicht auf Englisch auf der Karte, das Personal hilft bei Verständnisproblemen aber gerne weiter.

Fabianinkatu 4, T 09 622 29 07, Tram: 1/1A, 2, Mo–Fr 11–16 Uhr, 10–12 €

Bunt und lecker

Omnam Karte 2, G 5

Frisch, vielseitig, köstlich: An Wochentagen gibt es hier ein wechselndes vegetari-

Heimelige Atmosphäre in kleinen Cafés wie dem Regatta – ein Gegenentwurf zu den durchgestylten Lounges der Innenstadt.

sches Mittagessen mit Suppen, warmen Gerichten und einem bunten Salatbüfett. Vegane Speisen sind extra gekennzeichnet, außerdem ist vieles glutenfrei, bio und regional. Auch internationale Speisen wie das südindische Dosa mit Sambar stehen auf der Karte. Das Café lockt mit täglich wechselnden süßen und herzhaften Produkten, ein Schwerpunkt liegt auf den beliebten Rohkostkuchen.

Annankatu 29 B (Innenhof), T 050 374 40 45, www.omnam.fi, Tram: 2, 9, Metro: Kamppi, Mo–Fr 11–15 Uhr, Hauptgericht 13–17 €

Fast Food for Veggies

Soi Soi H 2

Vegetarisch kann auch ungesund! Im Hipster-Viertel Kallio möchte sich selbst der Veganer mal mit fetttriefenden Fingern den Bauch vollstopfen. In dem kleinen Imbiss gibt es eine große Auswahl verschiedener Veggieburger und noch viel mehr. Wer's finnisch mag, wählt Roggenbrot anstelle des weißen Hamburger-Brötchens, der richtige Finne wagt die Bestellung eines Zungenbrechers wie dem Tuplajuustosoippurilainen mit doppeltem Käse.

Vaasankatu 9, T 045 149 74 08, www.soisoi.fi, Tram: 6/6T, 7, 8, Metro: Sörnäinen, Mo–Do 11–23, Do–Sa 11–2, So 13–19 Uhr, 7–12 €

Kaffee- und Teetempel

Johan & Nyström H 5

Kaffee-Liebhaber werden direkt hinter der Uspenski-Kathedrale mit einer großartigen Auswahl an Tee- und Kaffeesorten sowie süßem und herzhaftem Gebäck verwöhnt. Einst soll sich hier der Pferdestall des Zaren befunden

BEST OF

Für einen guten Start in den Tag sind die Frühstücksbüfetts im **Café Fazer** (► S. 91) und im **Café Ekberg** (► S. 43) besonders zu empfehlen. Die schönsten Orte, um in aller Ruhe eine finnische *kahvipaussi* zu genießen, sind das **Café Regatta** (► S. 65), das **Café Engel** (► S. 22), das **Café Kiasma** (► S. 39), und das **Café Ursula** (► S. 60). Zu den besten Restaurants zählen **Aaltos Designrestaurant Savoy** (► S. 82), das **Walhalla** (► S. 76) auf Suomenlinna und das **Kappeli** (► S. 28) auf der Esplanade. Räucherspezialitäten gibt's im **Savu** (► S. 52) und ein leckeres Hühnchen Kiew im **Bellevue** (► S. 49).

haben, heute kombiniert das gemütliche Café uriges Holz- und Backsteinambiente mit modernem Design. Der qualitativ hochwertige Kaffee wird direkt vom Produzenten angekauft.

Kanavaranta 7C, T 040 562 57 75, www.johanochnystrom.se/fi, Tram: 4/4T, Mo–Fr 8–19, Sa 9–18, So 11–17 Uhr, Kuchen 3–9 €

Institutionen und Szenetreffs

Esplanade live

Café Strindberg Karte 2, G 5

Das gediegene Café-Restaurant in nobler Umgebung hält den Geist der traditionsreichen Kaffeehauskultur im sonst so neumodischen Helsinki wach. Eingebunden in die Galleria Esplanad (► S. 100) und mit großen Fenstern zur nördlichen Esplanade hin, ist dies ein populärer Ort, um zu sehen und gesehen zu werden. Das Marikahvila kontrastiert mit modernerem Design. Ein Stockwerk höher serviert das Restaurant mediterran-finnische Gerichte, für die Flusskrebse und Jakobsmuscheln, Mozzarella und Ziegenkäse, Fleisch und Fisch verarbeitet werden. Ein leckeres Mittagessen wiederum gibt es in der ›Gesäßtasche‹ des schwedischen Autors, in Strindbergs Bakficka.

Pohjoisesplanadi 33, T 09 61 28 69 00, www.strindberg.fi, Tram: 1, 2, 4/4T, 7A/B, Café: Mo/Di 9–22, Mi–Sa 9–24, So 10–20 Uhr, Kuchen 4–9 €; Restaurant: Mo–Di 11–22, Mi–Fr 11–24, Sa 12–24 Uhr, Hauptgericht 10–31 €

Food on Tour

Liebe geht durch den Magen – auch die zu einer Stadt! Bei einem kulinarischen Spaziergang erfahren Sie alles, was Sie über die Finnen und ihr Essen immer schon mal wissen wollten. Bei **Heather's** geht's mit der ›Gabel in der Hand‹ auf Tour (www.heathershelsinki.com, 4 Std., 85 €), kürzer und günstiger ist es mit **›Happy Guide Helsinki‹** (www.foodtourshelsinki.com, 2 Std., 25 €).

Blaue Sommervilla im Grünen

Café Sininen Huvila G 3

Die ›blaue Villa‹ ist ein liebliches kleines Draußen-Café, das nur einen kurzen Fußmarsch vom Stadtzentrum entfernt in der malerischen Umgebung von Linnunlaulu (Vogelgesang) liegt. Inmitten der Holzvillen aus dem 19. Jh. gibt es nicht nur eine große Auswahl an köstlichen Zimtschnecken und anderem Gebäck, sondern auch eine großartige Aussicht auf Helsinki. Da man hier draußen sitzt, sind die Öffnungszeiten vom Wetter abhängig. Aber der Besuch lohnt sich ohnehin vor allem an sonnigen Tagen, wenn man ihn mit einem Spaziergang entlang der beliebten Fahrrad- und Joggingrunde um die grüne Töölönlahti-Bucht verbinden kann.

Linnunlauluntie 11H, T 050 408 08 16, Tram: 8, im Sommer tgl. 10–22 Uhr, im Winter nur Sa/So geöffnet, Kuchen 2–6 €

Echt finnisch

Kolme Kruunua Karte 2, H 4

Diese Gaststätte nördlich des Zentrums ist eine der wenigen, die sich fast unverändert durch die Zeit gerettet haben. Gegründet 1928 als Café, wurden die ›drei Kronen‹ 1952 zum Restaurant. Das Interieur wirkt denn auch sympathisch altmodisch, fernab heutiger Trends. Auch das Essen – solide finnische Gerichte wie gebratener baltischer Hering, Fleischbällchen oder Pyttipannu – und die Preise passen in diese Umgebung. Wenn die Küche um Mitternacht schließt, geht der Kneipenbetrieb noch eine ganze Weile weiter. Vielleicht liest dann Küchenchef Heikki Niska aus seinen Gedichten vor, schließlich ist er der einzige Dichter-Koch Finnlands.

Liisankatu 5, T 09 135 41 72, www.kolmekruunua.fi, Tram: 1/1A, 7A/B, Bus: 17, Mo–Do 16–1, Fr/Sa 16–3, So 14–1, Küche: Mo–Sa 16–24, So 14–23 Uhr, Hauptgericht 15–33 €

Rundbau mit Aussicht

Café Carusel G 7

Der Rundbau an der Merisatama-Bucht mit einer der beliebtesten Terrassen mit Meerblick bietet sich zur Einkehr bei Wanderungen an der Küste entlang an.

Vor dem Gebäude starten Boote zu den Inseln, dahinter erstrecken sich der Kaivopuisto-Park und das Jugendstilviertel Eira. Man bekommt Kaffee, Kuchen, Salate, Sandwiches und Leckeres zum Lunch (11–14.30 Uhr). Im Sommer genießt man hier die Sonne, im Winter die leckeren Zimtschnecken samt heißer Schokolade.

Merisatamanranta 10, T 09 622 45 22, www.carusel.fi, Tram: 1/1A, 3, Mo–Sa 9–22, So 10–21 Uhr, Hauptgericht 13–19 €

Künstlertreffpunkt

Kosmos Karte 2, G 5

Das legendäre Restaurant wird seit seiner Eröffnung im Jahr 1924 von derselben Familie betrieben. Seit den 1950er-Jahren hat das Kosmos einen Ruf als Lokal der Boheme, vor allem Schriftsteller machten es zu ihrem ›Wohnzimmer‹ – und bis heute ist das Kosmos Künstlerrestaurant geblieben. Die Einrichtung ist hell und elegant, die Küche lebt von innovativer finnischer Kochkunst wie von den Klassikern: Wiener Schnitzel, Vorschmack und eingelegter Hering. Dafür lohnt sich die kulinarische Expedition ins Kosmos unbedingt.

Kalevankatu 3, T 09 64 72 55, www.ravintolakosmos.fi, Tram: 3, 6/6T, 10, Mo–Fr 11.30–1 Uhr, Hauptgericht 15–36 €

Relaxte Atmosphäre

HSS BoatHouse G 8

Das Sommerrestaurant auf der Insel Liuskasaari ist architektonisch und gastronomisch spannend. Die amerikanische Ostküste inspirierte die Architektur ebenso wie die Küche, hinzu kommen mediterrane und asiatische Gerichte, bei denen Fisch und Seafood überwiegen. Gutes Essen, tolle Aussicht, relaxte Atmosphäre – ein Ausgehtipp für warme Tage und helle Sommernächte. Vom Kaivopuisto HSS Yacht Club an der Merisatamanranta bringen kleine Personenfähren die Gäste zum BoatHouse.

Liuskasaari, T 096 128 57 50, www.ravintolaboathouse.fi, Bus 24 bis zur Merikatu, ab der Merisatamanranta Personenfähre, Mai–Sept. Mo–Fr 17–24 Uhr, Hauptgericht 21–30 €

T
TOILETTE

Männer sind ›mies‹: Dass das Finnische so gar nichts mit anderen europäischen Sprachen zu tun hat, begreift man nicht nur beim berühmten *yksi, kaksi, kolme* (eins, zwei, drei). Die bizarren Aneinanderreihungen von Doppelvokalen und -konsonanten auf Straßenschildern und Werbetafeln lassen den Sinn dahinter kaum erahnen. Und welche Toilette soll man in der Kneipe wählen, wenn man sich zwischen ›M‹ und ›N‹ entscheiden muss? Die Lösung: Der finnische Mann heißt *mies* und die Frau *nainen*.

Finnisch zu fairen Preisen

Konstan Möljä F 6

Schlicht, aber lecker: Hausgemachtes, traditionell finnisches Essen findet man sonst nur in teuren Sternerestaurants. Hier jedoch gibt es Ren, Lachssuppe, Fleischbällchen, eingelegten Hering und die von den Finnen so geliebten Kartoffeln in allen denkbaren Variationen zu bezahlbaren Preisen, entweder à la carte oder als All-you-can-eat-Abendbüfett (19 €). Einfach köstlich ist ›Vorschmack‹, eine Speise aus Lamm und Anchovis. Ziel der Besitzer ist es, auch den Jüngeren das traditionelle finnische Essen näherzubringen. Das ist ihnen wohl gelungen: Das rustikale Ambiente mit viel Holz und maritimen Erinnerungsstücken lädt zu einer Zeitreise ins alte Finnland ein.

Hietalahdenkatu 14, T 09 694 75 04, www.konstanmolja.fi, Tram: 6/6T, 9, Di–Fr 17–22, Sa 16–23 Uhr, Menü 19 €

Mondsüchtig?

Kuu F 3

Die Einrichtung des Kuu (= ›Mond‹) entspricht der Küche: Beide sind klar und einfach gehalten. Das sollte jedoch nicht darüber hinwegtäuschen, dass das Kuu ein echtes Spitzenrestaurant ist. Serviert werden finnische Klassiker und skandinavische Speisen mit modernem Touch, dank natürlicher Zutaten entfalten sich köstliche Aromen. Große Auswahl an Weinen.

Töölönkatu 27, T 09 27 09 09 73, www.ravintolakuu.fi, Tram: 3, 4/4T, 7A/B, 8, Mo–Fr 11.30–24, Sa 14–24, So 14–22 Uhr, Hauptgericht 19–30 €

Auf der Insel

Saari G 7

Rund 200 m vor der Küste des Stadtteils Eira liegt dieses Ausflugsrestaurant, das mit seinem Balkon, der Außenterrasse und der Yacht-Bar allen entgegenkommt, die entspannt Sommertage, prächtige Ausblicke und gutes Essen genießen möchten. Finnische Spezialitäten stehen auf der Speisekarte, vor allem frischer Fisch. Während der Flusskrebssaison gibt es kaum eine beliebtere Adresse. Gäste kommen mit einem kleinen Personenboot, das jede halbe und volle Stunde an der Merisatamanranta (hinter dem Café Carusell) ablegt. Der Fährpreis (5 €/Pers.) wird auf die Restaurantrechnung aufgeschlagen.

Sirpalesaari, T 09 74 25 55 66, www.ravintolasaari.fi, Bus 24 bis Merikatu, dann ab der Merisatamanranta Personenfähre, Anfang Mai–Ende Sept. Mo–Sa 11.20–23, So 16–22 Uhr, Hauptgericht 22–34 €

EXPERIMENTIERFREUDIG UND UNGEWÖHNLICH

Auf zum Gipfel

Base Camp Karte 2, G 5

Die Finnen mögen nepalesische Küche. Im Zentrum der Stadt bietet sich die Möglichkeit, die exotischen Speisen des Himalaya-Landes einmal auszuprobieren. Angeboten werden u. a. verschiedene Tandoori-Gerichte, die Teigtaschen Momos und köstliches Naan-Brot zu angemessenen Preisen, mittags gibt es spezielle Lunch-Angebote. Hier gelangt man garantiert vom Basislager zum Everest der Geschmackssensationen.

Yliopistonkatu 5, T 040 964 34 64, www.basecampnepal.fi, Tram: 2, 3, 4, 6/6T, 9, Mo–Do 10.30–23, Fr 10.30–24, Sa 11–24, So 12–23 Uhr, Hauptgericht 13–25 €

Pfannkuchen auf Russisch

Blinit G 2

Russisches für den kleinen Geldbeutel: Ein nettes und günstiges Fast-Food-Restaurant im hippen Stadtteil Kallio, das hauptsächlich – klar – Blinis anbietet. Die Pfannkuchen aus Russland werden mit den unterschiedlichsten süßen oder herzhaften Füllungen genossen. Äußerlich gleichen die Räumlichkeiten eher einem Imbiss, aber die frischen Zutaten und kleinen Preise lohnen den Besuch.

Sturenkatu 9, T 040 090 96 03, www.blinit.fi, Tram: 1/1A, 3, 8, 9, Di–So 12–22 Uhr, 4,50–12 €

Trautes Heim, Glück allein

Hima Organic Café H 4

Einfach nur wohlfühlen – das verspricht schon der Name *hima*, der ›zu Hause‹ bedeutet. Darüber hinaus lockt das gemütliche Café mit biologischem, veganem und vegetarischem Essen (auch glutenfrei), tollem Kaffee, großer Teeauswahl, hausgemachten Smoothies (6,50 €) und täglich wechselnden Lunch-Suppen (9,50 €). Ein schöner Garten und die Sommerterrasse mit Meerblick machen das Ganze perfekt. Daran angeschlossen ist ein Yogastudio mit dem passenden Namen Hima Happiness.

Siltavuorenranta 16, T 08 503 54 00 82, himahappiness.com/organic-cafe, Tram: 3, 6/6T, 9, im Sommer Mo–Fr 15–19, Sa 12–15 Uhr, ›All-day-breakfast‹ 14,90 €

Back to the roots

Juuri Karte 2, G 6

Kreativität kombiniert mit natürlichen, regional produzierten und biologischen Zutaten ergeben ein innovatives kulinarisches Erlebnis: Spezialität des Hauses sind die berühmten Sapas (5,20 € pro Portion), finnische Tapas in verschiedenen Größen und Geschmacksrichtungen. Die Appetithäppchen repräsentieren einen Querschnitt der traditionellen finnischen Küche und bringen die Geschmacksknospen zum Erblühen. Die Meisterköche verstehen sich als Archäologen, die die eigene Geschichte und Essenstraditionen erkunden und auf eine völlig neue Art darbieten. Die

Philosophie: zurück zu den Wurzeln (finnisch: *juuri*).

Korkeavuorenkatu 27, T 09 63 57 32, www.juuri.fi, Tram: 10, Mo–Fr 11.30–23 (14.30–17 Uhr Küche geschl.), Sa 12–23, So 16–23 Uhr

Einmal um die Welt

Onda H 3

Neben einem À-la-carte-Menü gibt es hier mittags (11–15 Uhr) ein Büfett (10,20 €) mit Köstlichkeiten aus aller Welt sowie glutenfreien und veganen Optionen. Doch auch Fleischliebhaber kommen auf ihre Kosten. Zu empfehlen ist der Samstagsbrunch mit südamerikanischem Einschlag. Die monatlich wechselnde Kunstausstellung macht die Location außerdem zu einer Galerie.

Toinen linja 3, T 040 838 66 38, www.ondaruokala.fi, Tram: 1/1A, 3, 9, Mo–Do 11–21, Fr 11–24, Sa Brunch 11–16 Uhr, Hauptgericht 7–17 €

Lapplands Magie in Helsinki

Saaga Karte 2, F 6

Rentierfelle und -geweihe an den Wänden, die Symbole der Sâmi-Schamanentrommeln – das zweistöckige Saaga lässt schon mit der Einrichtung keinen Zweifel über die gastronomische Linie aufkommen. Mit traditionellen Speisen wie Rentiergeschnetzeltem, am offenen Feuer gegartem Saibling oder einem Vorspeisenteller mit lappländischen Delikatessen wird tatsächlich ein kulinarischer Abstecher nach Lappland möglich. Auch die Moltebeere, das Wahrzeichen Lapplands, fehlt natürlich nicht auf der Speisekarte. Einige der Gerichte werden in rustikalen Gefäßen wie gusseisernen Pfannen und auf Holzplatten kredenzt, die Getränke in den typischen Holztassen (*kuksa*).

Bulevardi 34, T 09 74 25 55 44, www.ravintolasaaga.fi, Tram: 3, 6/6T, 9, Mo–Sa 18–23 Uhr, Hauptgericht 21–39 €

Pure Freude auf dem Teller

Sandro G 3

Das Juwel in Kallio bietet eine nahöstlich-afrikanisch inspirierte Geschmacksexplosion. Neben dem tollen Salatbüfett zum Lunch sticht es auch durch seine saisonalen und lokalen Zutaten hervor. Darüber hinaus ist es mit einer großen Auswahl an Salaten, Kuchen und Smoothies ein absoluter Lieblingsplatz zum Brunchen: Samstags lockt der Garden Brunch vor allem Veganer und Vegetarier, sonntags wird es mit dem Marrakesh Madness (beide 28,50 €) so richtig opulent.

Kolmas linja 17, www.sandro.fi, Tram: 1/1A, 3, 9, Mo–Do 10.30–24, Fr 10.30–2, Sa 10–2, So 10–24 Uhr

Speisen wie ein Zar

Troikka E 4

In der traditionsreichen, seit den 1920ern etablierten Gaststätte nahe der Tempelkirche wähnt man sich fast in einem zaristischen Wohnzimmer. Kein Wunder, der ehemalige Besitzer Colonel Barring diente ja auch in der Armee des russischen Zaren. Die Portionen sind reichhaltig und schmackhaft, vom kalten Vorspeisenteller Zakuski über Suppen wie Soljanka und Borschtsch bis zu Hauptspeisen wie Hühnchen Kiew, Filet Stroganoff, Pfeffersteak und Lammschaschlik. Und die Preise sind moderater als bei den meisten anderen ›Russen‹ in Helsinki.

Caloniuksenkatu 3, T 09 44 52 29, www.troikka.fi, Tram: 2, 8, Di–Fr 17–22.30, Sa 14–22.30 Uhr, Hauptgericht 22–30 €

IMBISS VOM GRILLI

Anstatt mittags ins Restaurant zu gehen, holen sich die Hauptstädter gern einen Snack auf die Hand. Kioske gibt es im ganzen Stadtgebiet, Qualitätsindikator sind die Schlangen, die sich vor einem *grilli* oder *nakki-kioski* (Würstchenbude) bilden – auch bei Minusgraden. Die Kioske verkaufen Kaffee, Burger, Pommes, Hot Dogs, Piroggen und finnische Quiche. Ein guter Vertreter dieser Sparte ist der Grilli auf dem Kauppatori. Apropos Fast Food: In Finnland läuft die Kette Hesburger dem amerikanischen Vorreiter McDonald's immer noch den Rang ab.

Mal keine Heringe shoppen

Dass in- und ausländische Touristen einmal in die finnische Hauptstadt pilgern sollten, um zu shoppen, war lange Zeit undenkbar. Was sollte man hier schon kaufen – Heringe? Wirtschaftlicher Aufschwung, vor allem aber die ›Erfindung‹ des finnischen Designs, sorgten für einen tiefgreifenden Wandel.

Beispielhaft dafür steht die Esplanade, ursprünglich als reine Flaniermeile gedacht. Heute ist sie Drehkreuz für Besucherströme, die vor Ort die Auslagen inzwischen weltbekannter finnischer Labels betrachten oder den unterschiedlichen Shopping-Quartieren entgegenstreben, die die Esplanade verbindet. Zwar gibt es sie noch, die kleinen Tante-Emma-Läden, die ungeordneten Krimskrams-Shops und Märkte, in denen das Finnland der Vergangenheit durchschimmert. Ihnen gegenüber aber stehen glitzernde Einkaufspassagen, gut gefüllt mit (oft russischer oder fernöstlicher) Kundschaft, elegante Boutiquen, boomende Modehäuser und eine Vielzahl junger, unabhängiger und unkonventioneller Geschäftskonzepte, über die sich selbst weit größere Städte freuen würden. Auch in seinen Einkaufswelten gelingt Helsinki also der Spagat zwischen mondänen Konsumtempeln und bodenständigen Märkten, zwischen kreativer Avantgarde und ländlicher Tradition.

Das Eisen schmieden, so lange es heiß ist – das gilt auch für Schnäppchen-Jäger.

HIPPE EINKAUFSVIERTEL

Das populäre Shoppingviertel zwischen **Esplanade** und **Bahnhofsplatz** wird geprägt von mehrgeschossigen Malls. Der **Design-Distrikt** südwestlich der Esplanade ist für junge Mode, Möbel, Hair-Stylistik, Clubs und Hybridrestaurants bekannt. Nördliche Grenze des Distrikts ist der **Bulevardi** – eine gute Adresse für Kunst, Antiquitäten und Lederwaren. Weiter westlich werden in Boutiquen vor allem Mode und Innendekoration verkauft.

NACHT-SHOPPING

Sechsmal im Jahr zieht es halb Helsinki nachts in den Design District. Während des Late Night Shoppings haben nicht nur die Geschäfte länger geöffnet, es gibt auch ein kulturelles Begleitprogramm mit Livemusik und vielen Schnäppchen (https://designdistrict.fi/en/event/late-night-shopping).

BÜCHER UND MUSIK

Nicht nur für Akademiker!

Akateeminen Kirjakauppa
Karte 2, G 5
Von außen dunkel und abweisend, innen hell und lichtdurchflutet – die mehrstöckige ›Akademische Buchhandlung‹ ist ein architektonischer Leckerbissen, designt von Großmeister Alvar Aalto. Als eine der größten Buchhandlungen Europas führt sie auch Fachbücher und Belletristik in englischer Sprache. Nach dem Einkauf einen Cappuccino im Café Aalto genießen!
Pohjoisesplanadi 39, www.akateeminen.com, Tram: 1, 2, 4/4T, 7A/B, Mo–Fr 9–21, Sa 9–19, So 11–18 Uhr

Antiquarische Kostbarkeiten

C. Hagelstam Antikvariaatti
Karte 2, G 6
Was für ein Antiquariat! Bücherfreunde sollten sich Zeit nehmen, das Angebot an internationalen Büchern über Architektur, Design, Musik und Kunst sowie an alten Land-, See-, Postkarten und Drucken ab dem 17. Jh. ist einfach riesig. Viele Schätze finden sich auch im Onlineshop.
Fredrikinkatu 35, www.hagelstam-antikvariaatti.fi/en, Tram: 3, Mo–Fr 10–18, Sa 10–15 Uhr

Coole Plattenläden

Digelius Karte 2, G 6
Es muss nicht immer Amazon sein! Manchmal macht es auch einfach Spaß, in einer fantastischen Kollektion seltener Jazzplatten zu stöbern, wie sie Digelius anbietet. Daneben gibt es neue oder Second-Hand-LPs mit Folk, Welt- und finnischer Musik, CDs und DVDs. Im selben Haus verkauft das **Eronen** (www.dubjazzsalsa.com) Soul- und Reggae-Platten.
Laivurinrinne 2, www.digelius.com, Tram: 3, 10, Mo–Fr 11–18, Sa 10–16 Uhr

Punk-Rock auf Vinyl

Combat Rock Shop H 2
Der Plattenladen in Kallio richtet seinen Fokus ganz auf Punk-Rock, hat aber auch Expertise bei Platten von Rock- und Indi-Labels.
Vaasankatu 7, www.fireinsidemusic.com, Tram: 6, 7, 8, Metro: Sörnäinen, Mo–Fr 11– 18, Sa 11–15 Uhr

KAUFHÄUSER UND EINKAUFSZENTREN

KaDeWe des Nordens

Stockmann Karte 2, G 5
Das Kaufhaus ist nicht nur das bekannteste des Landes, sondern, so heißt es wenigstens in Finnland, das größte in ganz Skandinavien. Der aus Lübeck stammende G. F. Stockmann eröffnete bereits 1862 seinen ersten Laden an der Mannerheimintie. Aus ihm entstand später ein ganzes Imperium mit Filialen in vielen finnischen Städten. Die heutige Backsteinfassade des Stammsitzes stammt von den Umbauten der Jahre 1930 und 1989 und umschließt einen ganzen Straßenblock.

VERRÜCKTE TAGE

Wenn auf einmal alle Helsinkier mit gelben Plastiktüten mit der Aufschrift **Hullut Päivät** (auf Schwedisch: Galna Dagar) herumlaufen, dann nichts wie auf zu **Stockmann!** Mit den ›verrückten Tagen‹, die zweimal im Jahr (im Mai und im Oktober) von Montag bis Sonntag stattfinden, lockt das Warenhaus Tausende Kunden in seine Filialen. Hier gibt es jetzt auch Produkte, die Stockmann sonst nicht anbietet – und das außerdem bedeutend billiger. Niemand weiß genau, wann die nächsten verrückten Tage anstehen – von daher heißt es aufpassen.

Das zuletzt 2010 erweiterte Flaggschiff breitet auf acht Etagen und 50 000 m² sein exquisites Sortiment aus, in dem u. a. alle Nobelmarken der Parfümerie und Mode vertreten sind. Zwar kann das Stockmann in puncto Glanz und Grandezza nicht mit den schönsten Galerien Europas mithalten, ist aber dennoch für Shopping-Touristen ein lohnender Anlaufpunkt – allein schon wegen der Souvenir-

und Delikatessenabteilung. Übrigens: Als ausländischer Besucher bekommen Sie eine 10%-Rabattkarte!
Aleksanterinkatu 52, www.stockmann.fi, Tram: 3, 6/6T, 10, Mo–Fr 9–21, Sa 9–19, So 11–18 Uhr

Schuhe und mehr
Aleksi 13 Karte 2, G 5
Die Schuhabteilung des Aleksi ist eine der größten in Helsinki. Auch wer schicke Mode und Alltagskleidung aus finnischen und internationalen Häusern sucht, wird hier fündig. Die Fassade dieses traditionsreichen, denkmalgeschützten Hauses ist wohl die schönste unter den Helsinkier Kaufhäusern!
Aleksanterinkatu 13, www.aleksi13.fi, Tram: 1, 2, 4/4T, 7A/B, Mo–Fr 9–21, Sa 7–18, So 12–18 Uhr

Shopping mit Metro-Anschluss
Kamppi Karte 2, F 5
Der multifunktionale, klotzhafte Komplex ist mit 730 000 Besuchern pro Woche eines der größten Einkaufszentren des Landes. Das Shopping- und gastronomische Angebot ist breit gefächert und international, der sechsstöckige Bau mit seiner unterirdischen Bus- und Metrostation durchaus eindrucksvoll.
Urho Kekkosenkatu 1, www.kamppi.fi, Metro: Kamppi, Mo–Fr 9–21, Sa 9–19, So 12–18 Uhr

Junges, altes Forum
Forum Karte 2, G 5
Dass dieser Shopping-Komplex ursprünglich für die Olympischen Spiele gebaut wurde und damit schon mehr als 60 Jahre auf dem Buckel hat, sieht man ihm nicht an. Dazu wurde das Forum allzu häufig umgebaut und erweitert; heute nimmt es einen ganzen Block ein und versammelt unter seinem Dach 120 Geschäfte, Restaurants und Cafés. Vor allem die unteren beiden Etagen wirken hypermodern. Mode ist der Schwerpunkt des Angebots, aber auch als kulinarischer Zwischenstopp eignet sich das Forum!
Mannerheimintie 14–20, www.forum.fi, Tram: 3, 6/6T, 10, Mo–Fr 9–21, Sa 7–18, So 10–18, die Restaurants meist bis 23 Uhr

Nobel, nobel
Galleria Esplanad Karte 2, G 5
Die Nachbarschaft verpflichtet. Immerhin ist dieser Shopping-Tempel dem Edelhotel Kämp angeschlossen. Also heißt es auch hier: schöner shoppen, und das auf höchstem (Preis-)Niveau – und sei es nur zum Schaufenstergucken. Die Labels in den Auslagen lesen sich wie das Who's who der finnischen und internationalen Modewelt.
Pohjoisesplanadi 29, www.galleriaesplanad.fi, Tram: 2, 4/4T, 7A/B, Mo–Fr 10–20, Sa 10–17, im Sommer auch So 12–16 Uhr

FLOH- UND STRASSENMÄRKTE

Die Klassiker
Kauppatori und Vanha kauppahalli Karte 2, H 5
Der Markt **Kauppatori** und die Alte Markthalle zählen zu den Wahrzeichen der Stadt. Naturgemäß fällt das Treiben

H
HEIZUNG

Auch im Winter bekommen Sie auf der Aleksanterinkatu (liebevoll Aleksi genannt) keine kalten Füße. Ein Netz aus Leitungen unter dem Straßenpflaster hält Schnee und Eis fern. Besonders rund um Weihnachten kommt der beheizte Untergrund den Helsinkiern zugute: Ab Ende November erstrahlt die Aleksi unter einem Dach aus Lichtergirlanden und die Kinder bestaunen die Weihnachtsdekoration in den Schaufenstern des Kaufhauses Stockmann. Das Spektakel ist so beliebt, dass die Straße einen Monat vor Weihnachten für den Verkehr gesperrt ist. Eröffnet wird die Weihnachtssaison am letzten oder vorletzten Sonntag im November mit einer Parade, bei der der Bürgermeister und selbstverständlich auch der Weihnachtsmann *(joulupukki)* samt Schlitten und Rentier dabei sind.

Elegante Einkaufswelten im Forum

im Winter nicht so turbulent aus wie im Sommer, doch der Schnee und die orangefarbenen Kaffeezelte sorgen dann für ein spezielles Flair. Im Sommer hingegen entfaltet sich im Gedränge zwischen den kunterbunten Ständen fast schon südländisches Temperament. Wer die lokalen Spezialitäten probiert, sollte sich vor den respektlosen Möwen in Acht nehmen! Vornehm geht's in der **Alten Markthalle** (Vanha kauppahalli) zu. Besucher finden hier etwa 30 Delikatessenläden und kleine Cafés, in denen finnische Köstlichkeiten wie Rentierschinken, Bärenfleisch oder Moltebeer-Marmelade verkauft werden – dazu Gourmetbrötchen, die man an Ort und Stelle gleich verputzen kann.

Markt: Kauppatori, Tram: 3, 6/6T, 10, Mo–Sa 6.30–14 Uhr, im Sommer auch So vormittags. Nachmittags wird im Sommer tgl. ein Touristenmarkt eröffnet, oft bis 20 Uhr.

Alte Markthalle: Eteläranta, www.wanhakauppahalli.fi, Tram: 11A, 2/2A, Mo–Sa 8–18, im Sommer auch So 10–16 Uhr

Riesig und authentisch

Hakaniementori und Hakaniemen kauppahalli H 3

Der zweitwichtigste Markt der Stadt findet auf einem riesigen Platz statt, den die Stände kaum mit Leben füllen können (vor allem nicht im Winter). Touristen sind in der Minderheit, die Helsinkier bleiben mehr oder weniger unter sich. Genau das ist der Vorteil des Marktes, wenn man sich weniger für Souvenirstände und mehr für authentisches Leben interessiert, ganz davon abgesehen, dass das Preisniveau hier günstiger ist als auf dem zentralen Kauppatori. Die monumentale Markthalle sollte man ohnehin gesehen haben: In dem zweistöckigen Backsteingebäude gibt's unten Fisch, Wurst, Brot und Obst, oben Textilien, viel Krimskrams, einen Schuster, ziemlich schräge Geschenkeläden und ein uriges Café.

Markt: Mo–Sa 6.30–15 Uhr, jeden ersten So im Monat ebenfalls Marktbetrieb mit Flohmarkt

Markthalle: Hakaniementori, www.hakaniemenkauppahalli.fi, Tram: 1/1A, 3, 6/6T, 7B, 9, Metro: Hakaniemi, Mo–Fr 8–18, Sa 8–16 Uhr

Flohmarkt-Schnäppchen und Delikatessen

Hietalahdentori und Hietalahden kauppahalli F 6

Der große und von repräsentativen Bauten eingefasste Platz Hietalahdentori ist, vor allem im Sommer und an Wochenenden, das Ziel der Schnäppchenjäger. Immerhin stellt der täglich hier abgehaltene Flohmarkt ›Hietsun kirppis‹ den

Design-Souvenirs: formschön, stabil und alltagstauglich

größten und bekanntesten des Landes dar! Dominiert wird der Platz von der wunderschönen Markthalle Hietalahden kauppahalli. Nach einer zehnjährigen Pause dient das ›Hietsu‹ seit 2013 wieder als Markthalle im klassischen Sinn mit Feinkostgeschäften, Cafés und Restaurants. Ideal also für einen Imbiss, ein Mittagessen oder ein Dinner.

Flohmarkt: Hietalahdentori, www.hel.fi/www/heltu/en/flea_markets, Tram: 6/6T, 9, Mo–Fr 8–18, Sa und So (im Sommer) 8–16 Uhr; Markthalle: Lönnrotinkatu 34, www.hietalahdenkauppahalli.fi, Mo–Fr 8–18, Sa 8–17 Uhr

GESCHENKE, DESIGN, KURIOSES

Alvar Aalto und andere

Artek Karte 2, G 5

Der Design-Klassiker schlechthin! Von Alvar Aalto und anderen Designern 1935 gegründet, ist die Firma bis heute eine weltweit bekannte und angesehene Marke. In ihrem Stammhaus an der Südlichen Esplanade werden auf zwei Etagen typische Designstücke von Alvar Aalto und seiner Werkstatt verkauft, aber auch andere Klassiker wie der Barcelona Chair von Mies van der Rohe – gutes, zeitloses Möbeldesign zu hohen Preisen.

Keskuskatu 1b, www.artek.fi, Tram: 10, Mo–Fr 10–19, Sa 10–18 Uhr

Internationales Angebot

Formverk Karte 2, G 6

Das arrivierte Unternehmen wurde 1993 gegründet und vertritt rund drei Dutzend Designer, vor allem aus Finnland, Schweden und Italien. Angeboten werden Gebrauchsmöbel, Gartenmöbel, Lampen und witzige Accessoires von hoher Qualität. Formverks bekanntester Möbeldesigner ist Kenneth Wikström.

Annankatu 5, www.formverk.com, Tram: 3, 6, 10, Mo–Fr 10.30–18, Sa 11–15 Uhr

Alles, was schön ist…

Taito Shop Helsky Karte 2, H 5

Im Laden der ›Freunde des Helsinkier Kunsthandwerks‹ ist das Angebot groß: von Vasen über Teppiche und Stoffe bis zu Glas, Keramik und Sauna-Zubehör, Gebrauchskunst und Industriedesign. Alles gibt es in guter Qualität und noch zu moderaten Preisen.

Eteläesplanadi 4, www.helsky.net, Tram: 1/1A, 2, Mo–Fr 10–18, Sa 10–16, im Sommer auch So 12–16 Uhr

Wenn d…

Alte Porzellanmanufaktur

Arabiakeskus außerh. H 1

Das Arabia-Center liegt nördlich des Zentrums an der alten Arabia-Manufaktur. Hier finden Sie die größte Produktpalette von Arabia, Iittala, Hackmann, Fiskars, Rörstrand und BodaNova. Die Designware aus Glas, Keramik, Holz, Steingut, Edelstahl und Kunststoff ist hauptsächlich für den Haushalt gedacht (Geschirr, Besteck, Vasen etc.), ist aber auch gefragt als Sammler- und Schmuckobjekte. Zum Center gehören Fabrikshops u. a. mit Sonderangeboten und Restposten, daneben gibt es eigene Läden von Pentik und Opa. Der Ausflug lässt sich mit einem Besuch des Arabia-Museums (▶ S. 79) verbinden.

Hämeentie 135, www.arabia.fi, Tram: 6/6T, 8, Mo–Fr 10–18, Sa/So 10–16 Uhr

Dekoratives aus Handarbeit

Aarikka Karte 2, G 5

Seit 1954 verkauft Aarikka Holzschmuck, Mobiles, Lampen, Tassen, Schmuck und Souvenirs aus Holz, Stahl und Edelmetallen. Die Produktpalette wird immer größer und Aarikka immer beliebter. Alle Waren sind in Handarbeit und aus finnischen Materialien gefertigt.

Pohjoisesplanadi 27, www.aarikka.com, Bus: 24, Mo–Fr 9–19, Sa 10–17 Uhr

Juwelier mit Suomi-Design

Kalevala Koru Karte 2, H 5

Die bekannteste und größte Manufaktur des Landes verkauft ausschließlich in Finnland designte und produzierte Schmuckstücke aus Gold, Silber, Bronze und Edelstahl – für sie und ihn. Die Motive sind oft alten Schmuckstücken nachempfunden oder in Anlehnung an die Mythen des Nationalepos Kalevala entworfen und in eine moderne Form gebracht. Im Laden gibt es dazu passende Volkstrachten.

Pohjoisesplanadi 25–27, www.kalevalajewelry.com, Tram: 2, 4, 5, 7A, Mo–Fr 10–19, Sa 10–17 Uhr

Transportieren mit Chic

Golla Pop Up Store Karte 2, G 5

Handys, Laptops, Kleinkram, Wichtiges und Unwichtiges kann man so oder so transportieren. Wer es exk… stylish mag, nimmt einen … Tragetasche oder einen iP… renommierten Designfirma Golla, die im Einkaufszentrum Kluuvi einen kleinen, aber feinen Pop-up-Store unterhält. Wer bereit ist, einen etwas höheren Preis zu bezahlen, bekommt sorgfältig verarbeitete und elegante Lederutensilien in Pastelltönen – bestes finnisches Design eben mit perfekter Alltagstauglichkeit.

Aleksanterinkatu 9, www.golla.com, Tram 2, 4, 5, 7B, Mo–Fr 10–19, Sa 10–17, So 12–16 Uhr

Weltbekannte Modeschöpferin

IvanaHelsinki Karte 2, G 5/6

Die Kleider der international bekannten Modeschöpferin Paola Suhonen sind auch in eigenen Shops in Paris und London zu haben. In ihrer finnischen Heimat wird in dieser Boutique ihre jeweils aktuelle und natürlich auch recht teure Kollektion verkauft.

Uudenmaankatu 15, www.ivanahelsinki.com, Tram: 3, 6/6T, Mo–Fr 11–19, Sa 11–16 Uhr

Das Marimekko-Muster Unikko (›Mohn‹) ist über 50 Jahre alt.

Farbenfrohes Design

Marimekko Karte 2, G 5

Seit 1951 ist die führende finnische Textil-Manufaktur für ihr farbenfrohes Streifendesign weltbekannt. Das schmückt nicht nur Kleider und Hemden, sondern auch Taschen, Vorhänge, modische Accessoires, Gummistiefel oder Bettwäsche. Außer auf der Mikonkatu 2 ist Marimekko in den großen Helsinkier Warenhäusern wie Stockmann, Forum und Kamppi vertreten.

Mikonkatu 2, www.marimekko.fi, Bus: 24, Mo–Fr 10–20, Sa 10–17, So 12–17 Uhr

Nordische Partykönigin

Früher war Helsinki abends nicht gerade die lebendigste Stadt. Das hat sich deutlich geändert, inzwischen ist eine quicklebendige Club-, Kneipen- und Nightlife-Szene entstanden. Überall sprießen Ausgehadressen aus dem Boden, die angesagten Stadtteile wechseln und das Leben tobt selbst in mausgrauen Arbeitervierteln.

Wer am Freitag oder Samstag ausgeht, sieht und hört Livemusik satt, kann bis nach 4 Uhr abtanzen und lernt mit Helsinki eine neue europäische Partykönigin kennen. Selbst aus der estnischen Hauptstadt Tallinn kommen Tanz- und Musikwütige auf einen Wochenend-Trip.

Zu den Hot-Spots der Szene, die sich wohl noch lange halten werden, gehört der Bahnhofsplatz, wo man auf eine (Night)Club-Konzentration stößt, die man auch an mehr als einem Wochenende nicht ausschöpfen könnte. Nur wenige hundert Meter weiter westlich sind unterhalb der Kamppi-Station etliche Künstlerlokale, schräge Bars, Rockclubs und Irish Pubs auf engstem Raum versammelt.

Im Töölö-Viertel ist das Publikum älter und die Lokale sind gediegener. Ähnliches gilt für die Esplanade, wo man auf einen Mix von durchgestylten Chill-out-Oasen, rustikalen Pubs und gehobenen Nightclubs trifft. Südwestlich davon, entlang der Iso Roobertinkatu, Isoroba genannt, ist Clubbing angesagt: in Clubs mit Weltmusik, Hybridrestaurants, klassischen Cafés, Jazz- und Rocklokalen.

Von wegen nordisch unterkühlt!

ALTERSGRENZE

Jüngere Gäste erhalten längst nicht Einlass in jeden Club. In Helsinki ist der Zutritt je nach Lokal für Jugendliche unter 18, 20, 22, 23 oder gar 24 Jahren oft verboten. Manchmal gelten sogar unterschiedliche Regeln, z. B. Mindestalter bis Mitternacht 22, danach 24 Jahre oder Mindestalter im Erdgeschoss 18, in der Etage darüber 21 Jahre. Der Türsteher (*vahtimestari*) passt recht genau auf!

EINTRITT UND PREISE

Meist ist der Eintritt kostenlos, doch die angesagten Clubs verlangen rund 5 €. Dazu kommt die Garderobengebühr (um 2 €). Am meisten muss man für Getränke zahlen: Nur mit Glück bekommt man ein Bier (0,4 l) für weniger als 4,50 €, meist kostet ein Glas um 6 €. Schnäpse, Drinks oder Cocktails beginnen auf der Getränkekarte bei 6,50 €.

BARS UND KNEIPEN

Zum Heiligen Staatspräsidenten

St. Urho's Pub F 4

Die dicke Brille auf dem Kneipenlogo und ihr Name machen deutlich: Schutzpatron des Pubs ist Urho Kekkonen, der legendäre Präsident der Republik, der hier sozusagen zum Heiligen erhoben wird. Zwischen Reichstag und Nationalmuseum gelegen, ist das ›Urkki‹ ein seit 1973 etablierter Pub, der gern von Opernbesuchern, Politikern und Presseleuten aufgesucht wird. Über 100 Biermarken umfasst die Liste, darunter viele belgische Trappistenbiere. Doch warum in die Ferne schweifen? Probieren Sie doch einmal ein trübes Sahti, das traditionelle ungefilterte Selbstgebraute des Landes. Die Speisekarte (die identisch ist mit der des benachbarten Restaurants Manala) listet Pub-Gerichte der gehobenen Preisklasse auf, darunter Burger, Fish'n'Chips und Pizzas.

Museokatu 10, T 09 58 07 72 22, www.urhospub.fi, Tram: 3, 4, 7B, 9, 10, So–Di 15–1, Mi–Sa 15–3 Uhr

Für Kino- und Billardfreunde

Corona Baari & Biljardi Karte 2, F 5

Diese Kneipe gehört den exzentrischen Filmemacher-Brüdern Kaurismäki, die mindestens so schräg sind wie die Charaktere in ihren Filmen. Und manchmal schneien sie auf ein Bierchen auch selbst herein. Das Corona ist ein ehrliches Bierlokal mit angeschlossener Billardhalle (9 Tische) und Außenterrasse. Hier treffen sich Studenten, Cineasten, Lederjackenträger und Touristen, obwohl es eigentlich nichts zu sehen gibt. Außer Bier und Schnaps bekommt man nur 1980er-Jahre-Musik und Snacks geboten.

Eerikinkatu 11, www.andorra.fi/corona, Metro: Kamppi, Mo–Do 11–2, Fr/Sa 11–3, So 12–2 Uhr

Nette Theaterkneipe

Kom Ravintola G 6

Nettes Lokal mit Fabrikambiente und vorwiegend jüngerem Publikum zum Schwofen, in dem es auch oft Livekonzerte (Blues, Weltmusik, Jazz) oder Kunst-Performances gibt. Während der Pausen des benachbarten Theaters kann es urplötzlich drängend voll werden. Ansonsten kann man hier auch gut essen: Es gibt einen Mittagstisch mit wechselnden preiswerten Tagesgerichten, abends hat die Küche bis 22.30 Uhr geöffnet (zu empfehlen: gegrillte Rinderleber mit Kartoffelpüree).

Kapteeninkatu 26, www.kom-ravintola.fi, Tram: 1/1A, 2, Mo–Fr 11.30–14.30 und 17–2, Sa 17–2 Uhr

Wundersame Ostalgie

Café Mockba Karte 2, F 5

Nur zwei Türen vom Corona (links) entferntes Lokal, das ebenfalls den Kultfilmern Kaurismäki gehört. Das Mockba (Moskva) ist spartanisch eingerichtet und kann als finnische Version von Ostalgie gelten: mit Breschnew-Plakaten, einem alten Plattenspieler, aus dem Sowjethits dudeln, und einem Samowar auf dem Tisch. Erstaunlicherweise ist das kleine Café (nur 26 Sitzplätze) immer voll. Vor allem japanische Touristen und junge Leute, die eifrig dem Honig-Wodka zusprechen, zieht es hierhin. Am wenigsten versteht das Co-Besitzer Erkki Lahti: »Wir wollten eine kleine, versteckte Bar eröffnen, mit einem lausigen Angebot an Getränken und Essen – Butterbrote, die erst am nächsten Tag verkauft werden, damit sie nicht zu frisch sind.«

Eerikinkatu 11, www.andorra.fi/kafe-moskva, Metro: Kamppi, tgl. 18–2 Uhr

Tim & Struppi im Waschsalon

Tin Tin Tango F 3

Wer die Abenteuer der belgischen Comicfigur (im Original Tintin) mag, ist hier genau richtig. Ein wirklich ungewöhnliches Café hat sich da am Töölö-Marktplatz niedergelassen. Man sitzt gemütlich, auch an der Bar und hinter dem schmalen Glaserker. Es gibt Kaffee und Bier, Kuchen und Salate. Ein heißer Tipp für Langschläfer sind z. B. die reichhaltigen Frühstückskombis, die es – welch ein Glück – die ganze Woche über von morgens bis abends gibt. Ab und zu wird Livemusik gespielt, die zum jugendlichen Publikum passt – ebenso wie die Cartoon-Klassiker an der Wand. Angeschlossen sind … eine Sauna und ein Münz-Waschsalon!

Töölöntorinkatu 7, T 09 27 09 09 72, www.tintintango.fi, Tram: 2, 8, Mo–Fr 7–24, Sa 9–24, So 10–21 Uhr

Entspannte Künstlerkneipe

Musta kissa ✪ G 3

Im Herzen von Kallio ist dieses Lokal eine gute Anlaufadresse für alle, die bei guter Musik ein Bierchen, ein Weinchen oder einen Cocktail genießen, gelegentlichen Live-Auftritten lauschen oder an Kunstausstellungen bzw. Performances (gerne auch experimentell) teilnehmen möchten. Die Einrichtung ist rustikal und verströmt den Charme der 70er-Jahre!

Toinen linja 15 (Eingang um die Ecke, Suonionkatu 1), www.barmustakissa.fi, Bus: 23/23N, 51, Di–So 17–2 Uhr

TICKETS UND INFOS

Ob Sportveranstaltungen, Konzerte oder andere Events: Bei der **Verkaufsstelle Tiketti** kann man sich Eintrittskarten besorgen oder auch online bestellen (✪ Karte 2, F 4, Urho Kekkosen katu 4–6, T 06 001 16 16, www.tiketti.fi, Mo–Fr 9–21, Sa 12–18 Uhr). Andere Internet-Ticketanbieter für ganz Finnland findet man unter: www.lippupiste.fi. Das beste Magazin mit Infos zum hauptstädtischen Nachtleben ist **Helsinki This Week,** das an über 200 Stellen kostenlos ausliegt.

Urig oder Kulturschock?

Zetor ✪ Karte 2, G 5

In einer Seitenstraße der Mannerheimintie gelegene Kneipe mit Restaurant und Nightclub – längst schon Kult und für viele ein Muss in Helsinki. Benannt nach einer tschechischen Traktorenfirma, besteht die rustikal-kitschige Einrichtung natürlich aus Traktoren, viel Holz, ausgestopften Rentieren und einem wilden ländlich-finnischen Sammelsurium. Inmitten des Trubels schafft es die Köchin Tuula Pulkkinen, finnische Hausmannskost (Hauptgerichte 12–27 €) gut zuzubereiten und sehr schnell auf die Tische zu bringen. Abends gibt es manchmal Livemusik und Tanz, ansonsten Roulette oder Souvenirverkauf u. a. von Artikeln der Leningrad Cowboys.

Kaivopiha, Mannerheimintie 3–5, www.ravintolazetor.fi, Tram: 3, 4/4T, 7A/7B, 10, Mo–Do 11.30–24, Fr 11.30–2, Sa 16–2 Uhr

Gut, besser, Bier

Bryggeri Helsinki ✪ Karte 2, H 5

Gutes deutsches Bier im Ausland gibt's nicht? Gibt es doch! In der Bryggeri wird das Bier an Ort und Stelle hergestellt – und das sieht man: Der kupferne Braukessel im Zentrum des Restaurants fällt dem Besucher gleich als Erstes ins Auge. Dabei hat der deutsche Braumeister stets die skandinavische Küche im Hinterkopf: Die Speisekarte liefert die Empfehlung zum passenden Bier gleich mit. Darüber hinaus achtet man auf saisonale und lokale Produkte und bietet eine große und gute Auswahl an regionalen, finnischen Bieren. Na dann: Kippis!

Sofiankatu 2, T 010 235 25 00, www.bryggerihelsinki.fi, Tram: 1A, 2, Mo–Sa 11.30–24, So 12–21 Uhr

Pub auf Rädern

SpåraKoff Pub Tram ✪ Karte 2, G 5

Die rollende, knallrote Kneipe SpåraKoff ist wohl die originellste Art, eine Sightseeingtour mit einem Pubbesuch zu verbinden. Eine nostalgische Tram aus dem Jahr 1959 wurde mit viel Mahagoni und Messing in einen Pub für 30 Personen umgebaut und dreht nun im Sommer ihre 45-Minuten-Runden quer durch Helsinkis City (Route: Mikonkatu–Hakaniemi–Kallio–Linnanmäki–Mannerheimintie–Aleksanterikatu–Kauppatori–Kruunuhaka–Mikonkatu). Das Personal serviert Cidre, Softdrinks und – natürlich! – Bier, schließlich ist ›Koff‹ eine populäre Marke der größten finnischen und ältesten skandinavischen Brauerei Sinebrychoff (heute Teil des Carlsberg-Konzerns). Sitzen, schauen, den anderen Gästen zuprosten – ein wirklich einmaliges und kurzweiliges Vergnügen. Schade nur, dass die Fahrt so schnell zu Ende ist!

Hietaniemenkatu 14, T 020 123 48 00, www.kartanocatering.fi, Spårakoff-Pub-Tramtouren von Mai bis Mitte Sept. Mo–Sa 14, 15, 17, 18, 19 und 20 Uhr, im Juli auch um 13 Uhr, Start an der Tramstation Mikonkatu neben dem Hauptbahnhof, 10 € inkl. einem ersten Getränk

Unübersehbar finnisch!

Villi Wäinö Karte 2, G 5

Das Konzept des Innenstadtlokals ist eine klare Absage an jede Internationalität. Schon der unübersehbare Beiname ›Suomalainen Olutravintola‹ zeigt, wo's lang geht: dies ist ein ›Finnisches Bierhaus‹. Das zeigt sich an der Inneneinrichtung (viel Holz, Kalevala-Motive, und – na klar! – eine Sauna), an der Speisekarte (Rentiergeschnetzeltes und geräucherter Elch) und an der Bierauswahl: Die meisten finnischen Brauereien sind hier vertreten. Finnisch auch die Musik, die ein DJ jeden Freitag und Samstag auflegt – und die manchen Gast ermutigt, Tango zu tanzen. Insgesamt gibt es drei Etagen und zusätzlich wird im Sommer die Straßenterrasse genutzt.

Kalevankatu 4, T 010 387 23 50, www.villiwaino.fi, Tram: 3, 6/6T, 9, 10, So–Do 14–2, Fr 14–4, Sa 12–4 Uhr

Lust auf einen Meter Bier?

Punavuoren Ahven G 6

Nördlich von Eira im alten Arbeiterviertel Punavuori gelegen, ist dieses Lokal bei Touristen wenig bekannt, dafür aber bei den Anwohnern umso populärer, die es als eine Art Wohnzimmer betrachten. Was als Erstes auffällt: keine Musikbeschallung. Und eine Stimmung, die vielleicht gerade deswegen ausgelassen sein kann und allen Klischees von schweigsamen Finnen widerspricht. Oder sollte das Alkohol-Angebot dafür verantwortlich sein? Im Ausschank sind jede Menge lokaler, aber auch britischer und deutscher Biere. Wer solche

Völlig entspannt mit einem Bier in der Hand – in der SpåraKoff Pub Tram

Mengen schafft, könnte das Punavuoren Ahvens-1-Meter-Bier ordern: unterschiedliche Marken, in einer Reihe auf einem meterlangen Brett angeordnet. Ansonsten kommen Whisky-Fans auf ihre Kosten: Die Auswahl ist die wohl die größte in Finnland!

Punavuorenkatu 12, www.kalaravintolat.fi, Tram: 2, Mo–Do 14–2, Fr 14–3, Sa 12–3, So 12–24 Uhr

Gemütlicher Intellektuellen-Treff

Marian Helmi Karte 2, H 4

Na klar, ein Lokal, das der alten Universität gegenüberliegt, sollte Studenten, Dozenten und Professoren zu seinen Gästen zählen. Die Eckkneipe, die es seit den 1930ern gibt, ist der letzte übrig gebliebene Ausschank in diesem Viertel. Heutzutage in warme Farben getaucht, angenehm beleuchtet und geschmackvoll möbliert, trifft man sich hier nach den Vorlesungen zu gepflegten Gesprächen, manchmal kommt auch ein Abgeordneter oder Minister vorbei. Das Marian Helmi (›Perle der Maria‹) ist relativ klein, wird aber durch einen riesigen Wandspiegel optisch vergrößert. Die unaufgeregte Atmosphäre wirkt wie der genaue Gegenentwurf zur lärmenden Karaoke-Bar Pataässä nebenan.

Snellmaninkatu 17, T 09 135 66 51, www.marianhelmi.fi, Tram: 1/1A, 7B, Mo–Do 16–2, Fr 15–3, Sa 16–3 Uhr

Der Bierkeller schlechthin

Oluthuone Kaisla ✪ Karte 2, G 4
Mehr als 200 Biere stehen auf der Karte des ›Bierhauses‹ Kaisla – das ist Landesrekord! Einige der 33 Zapfhähne sind stets für Produkte finnischer Mikrobrauereien reserviert. Für den kleinen Hunger gibt's diverse Snacks wie Sandwiches, Nachos oder Bratwurst. Abgesehen von seiner Größe fällt das Kaisla unter die Kategorie ›ehrliche Bierkneipe‹, warm und mit viel Holz eingerichtet, ohne Zugeständnisse an modernes Design. Von Vorteil ist auch die absolut zentrale Lage: nahe dem Bahnhof und genau über der Metrostation Kaisaniemi. Was praktisch sein kann, wenn man dann bei der Bierexpedition zuviel geforscht hat …

Vilhonkatu 4, 2 Eingänge: Vilhonkatu, Vuorikatu, T 010 766 38 50, www.oluthuone.fi/kaisla, Metro: Kaisaniemi, So–Do 12–2, Fr/Sa 12–3 Uhr

THEATER, OPER, KONZERTE

Rund 50 Theater gibt es in Helsinki, von den etablierten großen Häusern bis zu den kleinen Avantgarde-Bühnen, den Tanztheatern oder den Sommertheatern. Das bedeutendste Haus ist das **Finnische Nationaltheater** (Suomen kansallisteatteri, ✪ Karte 2, G 4, www.kansallisteatteri.fi) neben dem Bahnhof, das meist Klassik im Repertoire hat. Wer an Opern und Ballettstücken interessiert ist, hat in der **Nationaloper** (Suomen kansallisooppera, ✪ F 3, www.operafin.fi) die wichtigste Adresse. Für klassische Musik ist Helsinki ein europaweit geschätzter Spielort. Die größten Konzerte werden auf den Bühnen des **Musik-Hauses** (Helsingin musiikkitalo, ✪ F 4, www.musiikkitalo.fi) und in der **Finlandia-Halle** (Finlandiatalo, ✪ F 4, www.finlandiatalo.fi) gegeben.

LIVEMUSIK

Wie in Dublin

Molly Malone's ✪ Karte 2, G 5
Die grün gestrichene Front des Lokals signalisiert: Dies ist ein irischer Pub! Und zwar Helsinkis ältester, der zudem regelmäßig zu den Top Fifty in Europa gewählt wird. Jeden Abend gibt's Livemusik, oft auch Comedy, und steter Guiness- oder Single-Malt-Nachschub an den drei Bars sorgt für authentische Stimmung. Die zwei Etagen des Pubs sind oft gedrängt voll!

Kaisaniemenkatu 1C, www.mollymalones.fi, Tram: 2, 6/6T, Metro: Kaisaniemi, tgl. 12–4 Uhr

Jazz Club, Restaurant und Street Bar

Storyville ✪ Karte 2, F 4
Seit Jahren hat sich das Storyville seinen Ruf als einer der besten Jazz Clubs weltweit erworben. Untergebracht in einem ehemaligen Kohlenkeller, wird mindestens viermal wöchentlich von unterschiedlichen Bands Jazz und Blues dargeboten, von traditionell bis cool und modern. Eine Treppe höher gibt es gutes, nicht zu teures Essen (u. a. ambitionierte Cajun- und kreolische Küche), bei gutem Wetter trifft man sich draußen auf einer der gemütlichsten Terrassen der Stadt zu Grillgerichten oder kühlem Lapinkulta an der Street Bar.

Museokatu 8, www.storyville.fi, Tram: 4/4T, 7A/B, 10, tgl. 14–2, Fr/Sa bis 4 Uhr

Wild und laut

Tavastia und Semifinal ✪ Karte 2, F 5
Das **Tavastia** ist der Rockclub des Landes, in dem es eine Ehre ist, spielen zu dürfen. Deshalb gibt's fast jeden Abend Livemusik von anerkannten finnischen oder auch ausländischen Bands – meist ziemlich wild und laut. Das **Semifinal** nebenan wirkt wie ein kleinerer Bruder; hier treten meist Newcomer auf (identische Öffnungszeiten, gleiche Website).

Urho Kekkosenkatu 4–6, www.tavastiaklubi.fi, Metro: Kamppi, So–Do 20–1, Fr/Sa 21–3 Uhr

Das rockt!

On the Rocks ✪ Karte 2, G 4

Gut, dass On the Rocks neben dem Bahnhof liegt, dieser Nachbar wird sich wegen des Lärms nicht beklagen! Seit über 15 Jahren gibt es hier im Keller-Rock-Club wöchentlich mindestens vier Live Acts von Hard-Rock-Bands, eine Treppe höher und auf der Terrasse bzw. an der Street Bar u. a. Stand-up-Comedy, Jam-Nights, die Freitag- und Samstagabend-Partys sind legendär. Den eigenen Stellenwert definiert der Club ganz selbstbewusst: »Helsinki is the rocking capital of Europe and right in the center there's On the Rocks. Welcome!«

Mikonkatu 15, www.rock.fi, Tram: 2, 5, tgl. 12–4 Uhr

TANZEN

Tanzen auf drei Etagen

LeBonk ✪ Karte 2, G 5

Das Design dieses stylischen Clubs wurde vom Künstler Alvar Gullichsen entworfen. Auf drei Etagen wird getanzt und Party gemacht, zu Mainstream- und elektronischer Musik von DJs und Live-Gruppen. Die populäre Dachterrasse bietet, weil von höheren Häusern umgeben, zwar keine gute Aussicht, doch deswegen wäre ohnehin keiner hierhergekommen!

Yrjönkatu 24, www.lebonk.fi, Tram: 3, 6/6T, 10, Mi/Do 19–2, Fr 21–4, Sa 19–4 Uhr

Schwofen auf dem Dach

G Lounge Skybar & Club
✪ Karte 2, G 5

Fast um die Ecke zum LeBonk trifft sich im 8. Stock des Forum Shopping Centers die junge, urbane Bussi-Bussi-Gesellschaft und macht die Nacht zum Tage. Diese recht neue Location, die mit einem Lift zu erreichen ist, überzeugt durch ihre moderne und hippe Atmosphäre. Neben Cocktails und Wein trinkt man auch gerne mal Champagner. Das Schönste ist die Sonnenterrasse auf dem Dach mit ihrer tollen Aussicht! Genutzt wird sie freilich nicht zum Sonnen, sondern zum Schwofen und Tanzen zu DJ-Mainstream-Musik.

Simonkatu 8, T 020 712 98 90, www.glounge.fi, Tram: 3, 6/6T, 10, tgl. 12–4 Uhr

LUST AUF KINO?

Rund 60 Kinos gibt es in Helsinki, Infos zu den aktuellen Programmen findet man unter www.finnkino.fi. Ausländische Filme sieht man hier unsynchronisiert in der Originalversion – mit finnischen und/oder schwedischen Untertiteln. Die interessantesten Kinos sind:

Bio Rex: ✪ Karte 2, G 5, www.biorex.fi, cineastische Leckerbissen aus der Filmgeschichte, auch Programmkino.

Kinopalatsi: ✪ Karte 2, G 4, www.finnkino.fi, internationales Mainstream-Programm – in Saal 1 und 2 gibt es Zweiersitze für Paare.

Orion: ✪ Karte 2, F 5, www.sea.fi, ambitionierte Streifen aus dem Fundus des Finnischen Filmarchivs, oft als Themenreihe.

Tennispalatsi: ✪ Karte 2, F 5, www.finnkino.fi,14 Kinosäle und internationales Programm in Dolby-Digital-Technik.

Nordeuropas Gay-Klassiker

DTM Gay Bar & Night Club
✪ Karte 2, G 5

Auch nach dem Umzug auf die Mannerheimintie bleibt das DTM (Don't tell Mama) der gößte Gay-Nightclub Skandinaviens und ein auch bei Heteros sehr beliebter Party-Spot. Zwei große Tanzflächen stehen zur Verfügung, ebenso drei Bars, darunter die Cougar Bar mit einzigartigem Design. Und durch die großen Panoramascheiben kann man nachschauen, ob das Nachtleben auf der Mannerheimintie ebenso interessant ist wie die Atmosphäre drinnen.

Mannerheimintie 6 B, T 010 841 69 69, www.dtm.fi/en, Tram: 3, 6, 6T, 10, tgl. 21–4 Uhr

Hin & weg

ANKUNFT

Am Airport Helsinki-Vantaa
Der Flugplatz der finnischen Hauptstadt liegt ca. 20 km nördlich des Zentrums. Nach Vantaa gibt es von allen großen deutschen Flughäfen häufige Direktverbindungen. Flughafenbus: Die Buslinien 615 und 620 verkehren nach festem Fahrplan zwischen dem Flughafen und dem Hauptbahnhof. Seit 2015/16 kann man alle 10 Minuten auch mit dem Zug auf der neuen Ring Rail Line ins Zentrum kommen. Da diese Linie eine große Runde macht, ist es eigentlich egal, in welche Richtung Sie fahren, die Route über Tikkurila ist mit 27 Minuten etwas kürzer als die über Myyrmäki. Die Rolltreppen zur Flughafen-Bahnstation befinden sich im Korridor zwischen den Terminals. Fahrkarten (ob für den Linienbus oder den Zug) erhält man am R-kioski oder an den HSL-Ticketautomaten, ein One-way-Ticket kostet 5 €. Geringfügig teurer (6,30 €) ist die Fahrt mit dem Finnair City Bus, der von 5 bis 1 Uhr etwa alle 20 Minuten startet und mit nur einem Zwischenstopp am Hesparia-Park (Mannerheimintie) zum Bahnhofsplatz fährt. Auch Taxis sind ausreichend vorhanden, die Strecke bis zum Stadtzentrum Helsinki kostet rund 45–50 €. Preisgünstiger ist ein Sammeltaxi, das mit Festpreisen bestimmte Hotels anfährt (ca. 28 €, www.airporttaxi.fi).

HELSINKI CARD

Sehr lohnend ist der Erwerb der Helsinki Card (www.helsinkicard.com), wenn Sie die finnische Hauptstadt intensiv kennenlernen möchten. Sie kostet für 24 Stunden 41 €, für 48 Stunden 51 € und für 72 Stunden 61 €. Verkaufsstellen sind u. a. das Fremdenverkehrsamt, Reisebüros und größere Hotels. Dafür haben Sie innerhalb des Stadtgebiets freie Fahrt in Bahnen, Bussen, Straßenbahnen, der Metro und der Suomenlinna-Fähre, freien Eintritt in ca. 50 Museen, kostenlose Sightseeingtouren und andere Vergünstigungen, z. B. 10–20 % Rabatt in ausgesuchten Restaurants. Wer auf Museumsbesuche, Innenbesichtigungen oder z. B. die Audio-Sightseeingtour keinen Wert legt, fährt allerdings mit den Tagestickets der Verkehrsbetriebe (24 Std. 8 €, 2 Tage 12 €) günstiger.

SICHERHEIT UND NOTFÄLLE

Finnland ist ein ausgesprochen sicheres Reiseland: Die Kriminalitätsrate liegt deutlich unter der fast aller anderen europäischen Länder. Was für das gesamte Land gilt, trifft auch auf Helsinki zu. Vorsicht ist aber bei Ausflügen nach Tallinn oder St. Petersburg geboten, denn dort sieht die Sicherheitslage dramatisch schlechter aus! Die Polizeidienststelle im Zentrum finden Sie auf der Pieni Roobertinkatu 1–3 (T 071 877 01 11). Bei Verlust oder Diebstahl der EC- oder Kreditkarte sollten Sie sofort die zentrale Notrufnummer in Deutschland anrufen, die für mehrere Banken und Kreditkarteninstitute tätig ist: 990 49 116 116 (Tele) oder 999 49 116 116 (Finnet). Weitere Infos unter www.116116.eu.

Wichtige Notrufnummern
Zentraler Notruf: T 112 (gebührenfrei); Polizei in Helsinki: T 09 100 22
Medizinische Notfälle: T 09 100 23 (24-Stunden-Hotline)
Notfallversorgung: In medizinischen Notfällen wenden sich Ausländer am besten an die Universitätsklinik im Krankenhaus Haartman Hospital (Haartmaninkatu 4, T 09 31 06 32 31). Auch im Ärztezentrum Lääkärikeskus Mehiläinen (Runeberginkatu 47 A, T 010 414 04 44) ist in der Regel englischsprachiges Personal. In weniger akuten Fällen wen-

Das winterliche Helsinki hat unbestreitbar seine Reize, Fahrradfahren gehört in dieser Jahreszeit aber definitiv nicht dazu.

det man sich an das nächste Medizinische Zentrum (*terveysasema*).

DIPLOMATISCHE VERTRETUNGEN

Botschaft der Bundesrepublik Deutschland: T 09 45 85 80, www.helsinki.diplo.de
Österreichische Botschaft: T 09 681 86 00, www.bmeia.gv.at/botschaft/helsinki
Schweizer Botschaft: T 09 622 95 00, www.eda.admin.ch/helsinki

INFORMATIONEN

City Tourist Office: Pohjoisesplanadi 19, www.hel.fi, Mitte Mai–Mitte Sept. Mo–Sa 9–18, So 9–16, Mitte Sept.–Mitte Mai Mo–Fr 9–18, Sa/So 10–16 Uhr. Eine Zweigstelle befindet sich in der Ankunftshalle des Flughafens.

WEBSITES

www.visithelsinki.fi: Tourismus-Website mit allen wichtigen Reiseinfos
www.visitfinland.com: Broschüren etc. zum gesamten Land
www.hel.fi: die offizielle Website der Stadt
www.helsinkithisweek.com: What's on in Helsinki? Hier erfahren Sie es.
www.myhelsinki.fi: Aktuelle Events aus persönlichem Blickwinkel
www.yle.fi/uutiset/news/: tagesaktuelle Nachrichten auf Englisch
www.finland.fi: alles, was man schon immer über Finnland wissen wollte (oder auch nicht): Leben, Kultur, Wetter etc.

UMWELTFREUNDLICH UNTERWEGS

Für einen Helsinki-Besuch benötigt man keinen Wagen – alle interessanten Sehenswürdigkeiten, Stadtteile und Ausflugsziele sind mit öffentlichen Verkehrsmitteln bestens erreichbar; nutzen Sie daher das perfekte Nahverkehrssystem einschließlich der kostenlosen Citybikes. Aus der Region stammende Lebensmittel kauft man am besten in einem der vier Märkte und Markthallen, Ökoprodukte sind gekennzeichnet und reichhaltig in Supermärkten vorhanden. Helsinki ist eine saubere Stadt – und Touristen können dazu beitragen, dass es so bleibt. Kaum ein Land hat ein so fortschrittliches Recyclingsystem, das aber nur dann gut ist, wenn es von allen genutzt wird!

… mit öffentlichen Verkehrsmitteln
Helsinki besitzt ein gut ausgebautes Nahverkehrsnetz mit Bussen, Tram, Metro und einer städtischen Fähre nach Suomenlinna.
Das gesamte Netz wird von den städtischen Verkehrsbetrieben HSL unterhalten, das auf seiner englischsprachigen Website ausführliche Infos über Strecken und Tarife anbietet (www.hsl.fi/en). Die Tarife hängen von der Entfernung – vier Zonen im Großraum Helsinki – und davon ab, ob man die Tickets beim Fahrer/Schaffner oder an einem Ticketautomaten oder online kauft. Innerhalb der City fährt man mit Bus, Tram und Metro eine Stunde lang für 3 € (2,50 € am Automaten). Ein 2-Stunden-Ticket kostet 4 €, zwischen 2 und 4 Uhr gilt der Nachttarif von 5 €. Das Fährticket nach/von Suomenlinna kostet 5 € und ist 12 Stunden gültig.
Der wichtigste Verkehrsknotenpunkt für den innerstädtischen Busverkehr ist der **Busterminal Kamppi,** der wenige Schritte vom Hauptbahnhof jenseits der Mannerheimintie liegt. Er ist nicht nur hypermodern, sondern mit täglich rund tausend Busabfahrten auch einer der lebhaftesten Europas. Aktuelle Fahrpläne, Tarife und sonstige Infos unter T 010 01 11 oder www.hsl.fi.
Einzeltickets erhält man in Bussen und Straßenbahnen beim Fahrer oder bei den Verkaufsstellen der Verkehrsbetriebe (u. a. Hauptbahnhof, Metrostationen, Busbahnhof) und in den R-Kiosken. Wer den öffentlichen Nahverkehr ausgiebig nutzen möchte, sollte sich Tagestickets besorgen, die es beim Fahrer oder an den pinken Ticketautomaten gibt. Mit einem Tagesticket (8 €) kann man 24 Stunden lang alle öffentlichen Verkehrsmittel in der Stadt inkl. der Suomenlinna-Fähre nutzen (2 Tage 12 €, 3 Tage 16 €). Diese recht preiswerte Art des Reisens gibt es auch als Regionaltickets, mit denen man außer in Helsinki auch zu und in den Nachbargemeinden Espoo, Kauniainen, Vantaa, Kerava, Sipoo and Kirkkonummi reisen kann. Ein solches Regionalticket kostet für einen Tag 12 € (2 Tage 18 €, 3 Tage 24 €). Inhaber der **Helsinki Card** haben in allen öffentlichen Verkehrsmitteln freie Fahrt. Achtung: Es wird regelmäßig kontrolliert und Touristen ohne Ticket bekommen keinen Touristen-Bonus! Die Strafgebühr beträgt 80 € plus Fahrpreis.

FAHREN SIE TRAM!

Wenn sich Helsinki schon von seiner sympathisch-altmodischen Tram nicht getrennt hat, sollte man diese auch auf jeden Fall mindestens einmal nutzen. Dies umso mehr, als mit der Straßenbahn wirklich alle Hauptsehenswürdigkeiten schnell und bequem erreicht werden können. Die grünen Wagen fahren mit kurzer Taktung, sind schneller als entsprechende Busverbindungen, die großen Fenster ermöglichen Sightseeing, und man bewegt sich zusammen mit einem repräsentativen Querschnitt der Helsinkier Gesellschaft! Außerdem sind einige Linien so konzipiert, dass sie Besichtigungs- oder thematische Exkursionen ohne Umsteigen möglich machen. Etwa auf der großen Schleife der Linie 2, die man als ›Klassische Sightseeingtour‹ bezeichnen kann. Sehr besucherfreundlich: Manche Linien tragen touristische Beinamen (›Tram route 4: Architectural Tour‹; ›Tram route 6: Design and culinary Tour‹), und ihre einzelnen Stationen werden auf Broschüren bzw. im Netz (www.visithelsinki.fi) kommentiert. Also: für 8 € ein Tagesticket besorgen, Helsinki mit der Tram selbst entdecken und den teuren Sightseeing-Anbietern eine Nase drehen! Und durstige Seelen machen ihre Fahrt in der Pub Tram von SpåraKoff (► S. 106).

… mit dem Fahrrad

Im Vergleich mit Stockholm und vor allem Kopenhagen war Helsinki ein Nachzügler, was den Ausbau des Fahrradweg-Netzes betrifft. Aber auch hier hat die Stadt aufgeholt, und es macht Laune, die Inseln und Buchten mit dem Rad abzufahren. Fahrradverleiher gibt es an vielen Stellen, auch bieten etliche Unterkünfte ihren Gästen Leihräder an. Daneben stehen an rund 50 innerstädtischen Stationen 500 knallgelbe Citybikes zur Verfügung, die als Teil des ÖPNV betrachtet werden. Um sie zu benutzen, muss man sich unter www.hsl.fi/en/citybikes (Menüführung auf Englisch) registrieren und die gewünschte Mietdauer (z. B. 1 Std. 5 €, 1 Tag 12 €) bezahlen, mit der erhaltenen PIN-Nummer kann man dann die Räder ausleihen und an einer der Stationen wieder abgeben. Auf einer Online-Karte ist ersichtlich, an welcher nahe gelegenen Station ein Citybike zur Verfügung steht. Das System soll ab 2017 erheblich ausgeweitet werden.

… mit Wasserbussen und Ausflugsbooten

Außer den billigeren städtischen Fähren nach Suomenlinna starten den ganzen Sommer über in kurzen Intervallen Ausflugsboote und Wasserbusse (*vesibussi*) u. a. nach Suomenlinna, zum Zoo, nach Tapiola, in den Schärengarten, zu den vorgelagerten Inselchen und zu weiter entfernten Zielen wie Loviisa, Porvoo, Tammisaari und Hanko. Die meisten Boote legen am Kauppatori-Platz ab, aber es gibt viele weitere Verbindungen von den Anlegern in Ruoholahti (nahe der Ex-Nokia-Kabelfabrik Kaapelitehdas), Kaivopuisto und Eira (nahe dem Café Carusel und dem Café Ursula), am Olympiakai und am Hakaniemi-Platz.

… mit dem Sightseeing-Bus

Unterschiedliche Busrundfahrten bietet Strömma (www.stromma.fi/en/helsinki) ganzjährig an, u. a. eine Audio City Tour (auch auf Deutsch). Die Touren dauern knapp 2 Std., kosten 31 € und starten im Sommer 2 x tgl. an der Fabiankatu gegenüber der Touristeninformation an der Esplanade. Von Mitte Mai bis Mitte Sept. gibt es Helsinki-Rundfahrten mit einem roten offenen Doppeldeckerbus der Firma City Tours (T 0207 11 83 38, www.citytour.fi). Sie beginnen zwischen 10 und 16 Uhr etwa alle 30 Min. am Senatsplatz und dauern etwa 45 Min., wobei man nach dem Hop-on-Hop-off-Prinzip an 20 Stationen den Bus beliebig verlassen oder zusteigen kann – das Ticket gilt 24 Std. (30 €, online 27 €, Kinder bis 14 Jahre frei, Tickets am Bus oder in der Touristeninformation). Für 5 € mehr kann man ein Kombiticket kaufen, bei dem auch eine 1,5-stündige Sightseeing-Bootstour der Royal Line eingeschlossen ist.

MIT DEM BOOT

Bootsrundfahrten verschaffen einen Überblick über die städtische Inselwelt. 315 Inseln sind es im Stadtgebiet, und da sind nur die größeren mitgezählt. Die Boote starten meist am Marktplatz, und man hat die Qual der Wahl zwischen Schnellboot und Segelschiff, historischem Raddampfer oder modernem Ausflugsboot, einstündiger oder ganztägiger Exkursion – besonders interessant die Kanaltour von Sunlines (www.sunlines.fi). Bis nach Porvoo im Osten oder Hanko im Westen gehen diese Touren, aber fürs Erste wird es wohl reichen, sich in unmittelbarer Nähe Helsinkis umzuschauen. Fast alle Bordcafés haben volle Schankrechte, sodass auch Lunch- und Dinner-Kreuzfahrten beliebt sind. Einen kleinen Eindruck bekommt man schon auf den Fähren nach Suomenlinna und zur Zooinsel Korkeasaari. Und wer unabhängig sein möchte, macht mit dem Wassertaxi ab der Alten Markthalle eine ganz individuelle Sightseeingtour. Bootsrundfahrten kosten ab 23 €/Pers., weitere Infos unter www.royalline.fi.

O-Ton Helsinki

yksi, kaksi, kolme

eins, zwei, drei

kyllä

Ja

EI

Nein

ole hyvä

bitte

kiitos

danke

kippis

prost

MOI

Hallo

Kahvihammastani pakottaa.

mein Kaffeezahn schmerzt
Ich habe Kaffeedurst.

käydä saunassa

in die Sauna gehen

Sauna köyhän apteekki

Die Sauna ist die Apotheke des Armen.

LISÄTÄ LÖYLYÄ

den Dampf in der Sauna vermehren
Öl ins Feuer gießen

Das Klima im Blick
Reisen bereichert und verbindet Menschen und Kulturen. Wer reist, erzeugt auch CO_2. Der Flugverkehr trägt mit bis zu 10 % zur globalen Erwärmung bei. Wer das Klima schützen will, sollte sich – wenn möglich – für eine schonendere Reiseform entscheiden oder die Projekte von atmosfair unterstützen. Flugpassagiere spenden einen kilometerabhängigen Beitrag für die von ihnen verursachten Emissionen und finanzieren damit Projekte in Entwicklungsländern, die dort den Ausstoß von Klimagasen verringern helfen (www.atmosfair.de). Auch die Mitarbeiter des DuMont Reiseverlags fliegen mit atmosfair!

Abbildungsnachweis

picture-alliance, Frankfurt a. M.: S. 120/1 (Lehtikuva/Loppinen); 120/2 (Mäntylä); 120/3 (Marstio); 120/8 (Moilanen); 120/9 (Saukkomaa); 54 (Puromies); 14/15 (The Photo Collector)
Franz Marc Frei, München: S. 4 o., 23, 33
Getty Images, München: S. 93 (AWL Images RM); 103 (Bloomberg); 111 (Folio Images RM/Asikainen); 120/4 (Hale); 107 (Lonely Planet Images/Leue); 43 (Moment); 8/9 (Urguijo)
iStockphoto, Calgary (Kanada): Titelbild (bluejayphoto); S. 120/5 (Savvateeva)
laif, Köln: S. 120/6 (Gamma-Rapho); 27, 37 (hemis.fr/Guiziou); 46 (Madame Figaro/Holden); Umschlagklappe hinten, 16/17 (Multhaupt); 12/13, 20, 39, 62, 66, 70 (Theis)
Look, München: S. 42 (age fotostock); 44 (SagaPhoto)
Mauritius Images, Mittenwald: S. 21 (age/Grund); 98, 101 (Alamy/Dafos); 68 (Alamy/FinPics); 29 (Alamy/Liukkonen); 35 (Alamy/marinuse – People); 36 (Alamy/Reboredo); 49 (Alamy/villorejo); 7 (Folio Images RF/Nystrand); 40 (Folio Images RF/Strandström); 120/7 (United Archives); 56 (Walker)
Ulrich Quack, Mönchengladbach: S. 5 o., 32, 50, 83
Judith Rixen, Wegberg: S. 5 u.
© Visit Helsinki, Helsinki (Finnland): S. 28 (Arabia); 90 (Bell); 51, 75 (Comma Image Oy); 25, 47, 53, 65, 73, 74, 80, 85, 104 (Hellsten); 58 (Helsinki City Photo Competition at Flickr.com/paho47); 61 (Helsinki City Photo Competition at Flickr.com/sashapo); 78/79 (Heureka); 89 (Hotel F6); 54 (Jämsä); 4 u. (Kuva); 59 (Rotko); 71 (Saurasaari Foundation's Collection); 77 (Sjöblom); 102 (Somerma); 64 (Williams); 24, 86

Kartografie

DuMont Reisekartografie, Fürstenfeldbruck
© DuMont Reiseverlag, Ostfildern

Zitat

Umschlagklappe hinten: Linus Torvalds Interview, Hiroo Yamagata, hotWired, Japan, 1997

Umschlagfotos

Titelbild: Winterliches Hafenareal mit der Uspenski-Kathedrale im Hintergrund
Umschlagklappe hinten: Ein echter Finne kühlt sich nach dem Saunagang in der Oststee ab

Hinweis: Autoren und Verlag haben alle Informationen mit größtmöglicher Sorgfalt geprüft. Gleichwohl sind Fehler nicht vollständig auszuschließen. Alle Angaben erfolgen ohne Gewähr. Bitte schreiben Sie uns! Über Ihre Rückmeldung zum Buch und Verbesserungsvorschläge freuen sich Autoren und Verlag:
DuMont Reiseverlag, Postfach 3151, 73751 Ostfildern,
info@dumontreise.de, www.dumontreise.de

FSC MIX Papier FSC® C018236

1. Auflage 2017

Autoren: Ulrich Quack, Judith Rixen
Redaktion/Lektorat: Anne Winterling
Bildredaktion: Stefan L. Scholtz
Grafisches Konzept: Eggers+Diaper, Potsdam
Printed in Poland

Kennen Sie die?

9 von 629 512 Helsinkiern

Tove Jansson

Die Finnlandschwedin war ein echtes Multitalent: Mutter der knuddeligen Mumins, Schriftstellerin, Illustratorin, Comicautorin und begnadete Malerin. Seit 2016 gibt's ihre Werke dauerhaft im HAM.

Linus Torvalds

Der finnisch-amerikanische Informatiker zeigte der Welt, was in kalten, dunklen Wintern in Helsinki entstehen kann: Er entwickelte ein neues kostenloses Betriebssystem mit Namen Linux.

Sofi Oksanen

Die finnisch-estnische Schriftstellerin und Feministin ist für die Literaturszene, was ihr Heimatviertel Kallio für Helsinki ist: multikulti, ein wenig speziell und ganz groß im Kommen.

Ville Hermanni Valo

Love Metal nennen die Jungs von His Infernal Majesty (HIM) ihre Musik und Ville Valo aus Helsinkis Viertel Vallila ist ihr Sänger, Songwriter und Multi-Instrumentalist. Sanft kann er auch: »Summer Wine«.

Havis Amanda

Die bronzene Lady, mit ihren weiblichen Kurven und einer stattlichen Größe von 5 m ein echtes Vollweib, verkörpert als ›Tochter der Ostsee‹, die den Fluten entsteigt, die Seele der Stadt.

Paavo Nurmi

Er lief und lief und lief und holte neun Goldmedaillen bei Olympia – Weltrekord! Nackt, wie das Bronzedenkmal vor dem Olympiastadion suggeriert, war er dabei allerdings nie.

Urho Kaleva Kekkonen

Der ›Kahlschädel mit Brille‹ machte ein Vierteljahrhundert lang Weltpolitik in der Sauna und wird von vielen Finnen bis heute für seine Verdienste um Finnland verehrt.

Tarja Turunen

Die dunkle Seite der finnischen Seele drückt sich in Metal aus. Turunen singt es mit einem Stimmumfang von fast drei Oktaven, bis 2005 bei der Band Nightwish.

Arto Paasilinna

Paasilinnas Bücher (»Der wunderbare Massenselbstmord«) sind skurril und triefen vor schwarzem Humor. Einige Finnen sind so schräg wie im Buch beschrieben.